悟道五老峰

杜东明 著

山西出版传媒集团

山西人民出版社

图书在版编目（ＣＩＰ）数据

悟道五老峰／杜东明著 . —太原：山西人民出版社，
2016.4
ISBN 978 - 7 - 203 - 09559 - 0

Ⅰ . ①悟… Ⅱ . ①杜… Ⅲ . ①山 - 永济市 - 摄影集
Ⅳ . ①K928.3 - 64

中国版本图书馆 CIP 数据核字（2016）第 073467 号

悟道五老峰

著　　者：	杜东明
责任编辑：	李　颖
装帧设计：	原路芳
封面题词：	杜东明

出 版 者：	山西出版传媒集团·山西人民出版社
地　　址：	太原市建设南路 21 号
邮　　编：	030012
发行营销：	0351—4922220　4955996　4956039　4922127（传真）
天猫官网：	http：//sxrmcbs. tmall. com　电话：0351—4922159
E — mail：	sxskcb@ 163. com　发行部
	sxskcb@ 126. com　总编室
网　　址：	www. sxskcb. com

经 销 者：	山西出版传媒集团·山西人民出版社
承 印 者：	山西出版传媒集团·山西新华印业有限公司

开　　本：	889mm×1194mm　　1/16
印　　张：	12.5
字　　数：	150 千字
印　　数：	1 - 3 000 册
版　　次：	2016 年 4 月　第 1 版
印　　次：	2016 年 4 月　第 1 次印刷
书　　号：	ISBN 978 - 7 - 203 - 09559 - 0
定　　价：	139.00 元

扫一扫关注五老峰
让非凡之旅更便捷

悟道 **五老峰**

博闻雅识　非凡之旅
WUDAOWULAOFENG

目录

WUDAOWULAOFENG

五老峰简介

　　五老峰位于永济市东南13公里处的中条山脉，地处晋、秦、豫三省交汇处。1992年11月被林业部评定为"国家森林公园"。1994年1月被国务院评定为"国家级风景名胜区"，法定资源保护面积300平方公里。2011年8月被国家旅游局评为"国家AAAA级旅游景区"。2013年11月被山西省旅游局评为省级旅游休闲度假区。

　　五老峰原名五老山，因古代"五老"在此为帝王授《河图》《洛书》而名。《周易》成书之前，这里是河洛文化早期传播的圣地，也是我国北方道教全真派的发祥地。《七鉴道书》称之为"道家天下第五十二福地"。明清时期，五老峰兴起朝峰庙会，兴盛达500年之久。它同佛教圣坛五台山南北对峙，齐名天下；与西岳华山同岫立脉，隔河相望，历史上素有"东华山"之美誉。

　　五老峰是一处绝佳的自然风光旅游区和体育健身场所，主景区面积30平方公里，由玉柱峰、东锦屏峰、西锦屏峰、棋盘峰和太乙峰五座主峰构成，嶙峋翠微，秀甲三晋。主峰玉柱峰海拔1809.3米，其峰脉之壮形如帝，旁之四峰形若臣。五老峰奇特的喀斯特地质地貌造就了许多罕见奇观：流泉、飞瀑、奇峰、怪石，还有松涛、云海……山中有9泉、12洞、36峰，盛时曾有64处观庵庙宇，游人到此，恰似进入了神奇的画卷之中。

　　五老峰有三条登山旅游线路：方便快捷乘索道上山；健身锻炼登台阶上山；轻松漫游从锦绣谷沿水游山。

五老峰旅游线路示意图

月坪梁（海拔1910米）　南

玉皇殿
天桥　后土庙（遗址）
观景台　南天门　玉柱峰（海拔1809.3米）
蒲寨　望仙楼
回心石　西锦屏峰
东锦屏峰　鱼跃龙门　依山大佛
（观日出）　明眼洞
猿人观魏　雷公洞　石人沟
观音观海
莲花台
滑道售票处
后稷庙　黑龙潭
滑道（500米）　神仙弈棋台
云峰阁宾馆　吕祖像　枫林山庄
南寨子　灵峰观　罗真峰　老母殿　棋盘山峰　锦绣谷（2500米）
西寨子　（新峰）　大红崖　尖草坪
园通寺　红沙峪　二龙戏珠泉　太乙峰　一碗泉
（海拔1400米）　小红崖
鞍轿岭　索道上站　木桥（海拔1000米）
二道盘　（北斗坪）
椿树茶房（遗址）　1480米
盘根　将军帽
陡台瀑布　索道下站　（海拔800米）

索道山门

五老峰景区管理处　游客服务区
P 停车场　运(城)蒲(州)旅游公路

运城 →10km→ 关帝庙 →15km→ 扁鹊庙 →2km→ 王官峪 →9km→ 五老峰 ←13km→ 永济

西安 沿西潼高速70km→ 渭南 沿西潼高速80km→ 秦东（出口）沿运风高速30km→ 永济 沿运永线20km→ 五老峰

郑州 沿连霍高速80km→ 洛阳 沿连霍高速130km→ 三门峡 沿运三高速至运城绕城高速68km→ 解州（出口）沿运永线26km→ 五老峰

太原 沿大运高速260km→ 临汾 沿大运高速140km→ 运城 沿运风高速至运城绕城高速20km→ 解州（出口）沿运永线26km→ 五老峰

旅游线路

WUDAOWULAOFENG

XINLINGYIZHAN
心灵驿站

柔雾欲染灵峰观

楼殿参差倚玉柱

巍峨凌空老母殿

亭台遥瞻峰峦色

初探五老峰

五老峰，偶读明代谢瑫《河东五老传》中"河东有中条山，东接太行，西连华岳"、《禹贡》所谓"愈于雷首"及《唐风》所谓"首阳之巅"，即此山也。其上耸出最高且峻者，为峰有五，因佝偻之状，故名曰"五老峰"焉。上述三文中描写的重峦叠嶂的自然景观，如同世外桃源，令人心驰神往。我游过很多名山大川，却不知道家乡的土地上还有这么一处没被发掘的名山。也许是人们天生具有的窥探欲望，我约了山西画报社、运城日报社的记者和十几位摄影人，开始了一场说走就走的探幽体验。

初至五老峰山口，碰到一位上山采过药的老乡。他告诉我们，山上有野兽。他曾在树上采野果时看

到一条蟒蛇从树下呼啸而过。我听着老乡的介绍，好像进入了幻境，只觉有一股凉气从后背冒出。世间传说的故事很多，我只希望这是一个传说。感谢了老乡的善意提醒，我们没有犹豫，沿着隐蔽在烟波丛林中的一条弯曲小径向深山进发。

踏上山间小径，两旁树木苍翠，不时传来阵阵鸟语，十分幽雅恬静，不知不觉我们已走过了一个个茶坊遗址，看着这些残垣破壁的茶坊，心中想到的却是古人当年在此品茶的情景。斯人斯景已去，但茶坊依托的青山绿水依然还在。途中看到神奇的"一碗泉"，望着清凉的泉水，我才觉得咽干口渴，急忙在泉中接了一壶，喝一口，清凉透爽，非常提神，顿时足下生风，一口气走出了羊肠小道。此时，展现在我们面前的是一片豁然开阔的平坦地方，这里便是五老峰的精华所在地——五老殿遗迹。在此依次可观赏玉柱峰、太乙峰、棋盘峰、东锦屏峰、西锦屏峰。五老殿遗迹处，是一个最佳摄影地点，抬头仰视，玉柱峰雄峙眼前，阳光明媚，机不可失，大家各自选择拍摄角度，纷纷按响了快门。

举目拍摄间，天边的白云由东往西随风缓缓向玉柱峰方向飘来，刹那间，玉柱峰西侧山峰的峭壁上一尊形似观世音菩萨的佛像，在白云的映衬下显现在我们面前。我立即调整焦距，有意将佛像前面留出大片的空间，用浮动的云渲染画面气氛。为了使画面能给人一种美好吉祥的效果，我特意用红色渐变镜使佛像处在透着金色的霞光里，以寄托人们对幸福的祈盼。

站在五老殿遗址前向西南观望，一块巨石自然形成的大佛像背依青山，形态庄严、安详，显现着佛陀慈悲的法相，我换上长焦距镜头，从不同的空间距离为大佛留下了写真。

初探五老峰，我们对山上的地形和景色都不太熟悉，在向导的引领下，大家沿着一条沿山的曲径向西进入一条深幽的沟壑中，这条山间小径非常难走，沟的两侧叠石陡峭。令人称奇的是，在参差错落的峭壁上，一个个自然形成人物造型的特殊景观，给山凹间增添了意趣：关公千里走单骑、舜帝拜母、神农采药、仙人指路等等，姿态各异，形象生动。我看像这，他看像那，大家充分发挥各自的丰富想象力。攀登峰顶很累，不少人都气喘吁吁，在有意无意的审美发现成为关注焦点时，焦点的变换，联想与创作的乐趣，使大家放慢了匆促的脚步。

登上月坪梁顶，这里视野广阔，八面有景。极目远眺，向西北方向看，一泻千里的黄河尽收眼底；向东看，一山连着一山，是观赏日出最好的地方；向北看，玉柱峰在翠岭中，与碧空融为一体，愈发显得雄伟壮观；向南看，草甸青青，山峰绵绵，具有八大山人大写意水墨画的特色，也体现了"横看成岭侧成峰，远近高低各不同"的意境……大家正拍得尽兴，天气突然变了，晴朗的天空骤然布满了阴云，眨眼间，淅淅沥沥的雨随之而来，洒向峰峦、溪谷、山林。朦朦胧胧中，风吹雾起，整座大山被笼罩，雨丝的线条和轻雾的飘渺，在重峦叠嶂间此起彼伏，连绵不断而又轻柔曼妙，给人一种十分空灵的感觉。我

静静地站着，任由薄雾在身上吹拂，空、宁静、柔和，心中自然增添几分美感。

雨"沙沙"地下着，雾越来越大、越来越浓，天渐渐暗了下来，一时找不见下山的路。正当"山重水复疑无路"时，一位采药的老乡走到我们面前，将我们带到一块巨大的石头旁，在下行不远处用手拨开草丛，只见一条小道弯弯曲曲通向山底。要不是遇到老乡，我想一时半会儿很难找到被树枝草丛挡住的通道。山路陡峭，沟深林密，藤蔓盘缠，路潮道滑，很是难行。大家互相帮助，你拉我，我拉你，缓缓下行。一不小心，我滑下了一截。一步步，下降，下降，再下降，在暮色中下到了谷底。

夜幕降临，我们顺着依稀可辨的林间小路，向东经红沙峪在两间破旧不堪

的窑洞前休息，原计划一天的登山活动因天气的打扰，只能在山上过夜了。

窑洞没窗没门，总能避风遮雨，没有被褥，大家都穿得单薄，几位身强力壮的男士主动靠近窗户坐着，遮挡外面的凉气。让我最感动的是进入窑洞后，大家互相礼让，谁也不肯到里面坐，最终还是男士们把女士们让在了最里面。微风轻轻地吹着，雨渐渐停了，我走出窑洞，安静地站立在窑洞前。

天空很暗淡，眼前的山峦树木在雨的洗礼下，都笼罩在一片薄雾之中。隐隐约约，几只小鸟在窑洞前的树枝上不时发出叫声，远处深谷里的流水声隐约可闻……看着，想着，我获得了一种特有的感触和享受。

这时突然有人高喊，雨停了，唱歌吧！跳舞吧！一呼百应，大家都走出了窑洞，围成了一圈，手拉手翩翩起舞。随着高亢的歌声，我也走进舞圈尽情地跳着唱着，热烈欢乐的声音此起彼伏，汇成了一股巨大的声浪，冲破夜幕回荡在山巅上空。夜渐渐深了，阵阵凉风不时掀起我们的衣服和头发，显然大家已忘记了一天的劳累，忘记了时间，在一个老先生的再三提醒下，大家终于停下了狂欢的脚步，夜静悄悄的……静悄悄的……翌日早5时许，微风夹着花草香味，一阵阵吹了进来，沉静的窑洞又热闹起来。我走出窑洞呼吸着清新的空气，突然一片浓云涌来，愈积愈厚，霎时间雨水"哗哗"地直面而来，大家只好收拾东西下山。

雨越下越大，眼前的景色让我惊呆了！起雾了，雾一层一层的，浮来游去，轻拂着山、花、草和树木，见此情景，大家也顾不得相机被雨淋，纷纷拿出来，沿着盘山路在云雾中溶入溶出，俯仰之间寻找最佳拍摄角度，咔嚓、咔嚓，山色空蒙，隔雾观影，大家都获得了丰富而深切的审美感受。

这次匆匆之行，山上还有很多地方没去，尤其是没有去攀登玉柱峰，好像是一篇绝佳的文章只读了一个开头，为此深感遗憾，五老峰，等我再来吧！

1986年5月30日晚于运城地委通讯组摄影工作室

从我第一次攀登五老峰后,我就告诉很多朋友,位于永济虞乡西南的五老峰绮丽雄伟,秀色天成,可与西岳华山相媲美。几位摄影同行听后邀我同行去一探究竟。

五老峰之美名不虚传,崇山峻岭之巅,深谷幽林之中,山溪潺潺,雾霭茫茫,松涛、云海、流泉、飞瀑、奇花异草、珍禽异兽,以及千姿百态似人、似佛、似鸡、似猴的奇峰异石,构成了一个神奇的世界。

进山时,我们请来山下张家窑村的几位老乡当向导,大家顺着羊肠小道在花影绿荫间蜿蜒向上游动。山路不平,稍不留神便有跌倒的危险。两旁时有倒伏的荆棘和拦路的树枝,得用手扒开它们或者小心低头钻过去。这样行进不到两个钟头,大家便尝到了登山累的滋味,要不是山崖下的"一碗泉"解乏和远处峭壁上的"二龙戏珠"以及前面的庙宇遗址、茶坊遗址吸引,我们真想躺下美美睡上一觉,然后下山。中午时分,我们好不容易爬到玉柱峰下,都已精疲力竭,只好在此作短暂休息。

坐在我身旁的向导指着海拔1809.3米的玉柱峰告诉我们,其上有50米见方阔地,峰顶上有重两万余公斤的铁索下垂,游人可攀引而上。我仔细观察了一下,铁索今日已不复存在,只有隐约可见的一道道铁桩。敏捷的向导攀住峭壁不一会便登上峰顶,我们望着直冲云天的石柱,只有惊叹连连。

稍事休息后,我们继续行进。山路越来越陡,我们像踏着神话中的天梯,

朝那迷茫的云海，不，朝那诱人的仙境攀登。年轻人雅兴大发，时而流行歌曲，时而向对面峰头高呼，如同小孩儿撒欢。我陪着几位上山旅游的老先生走在后头，尽情地观赏那山高天低，林绿云白。只见白色的龙柏花、黄色的连翘花漫山遍野，芳馨扑鼻。从嘈杂污染的城市来到这里，怎不令人心旷神怡，如临仙境？

　　游兴未尽，太阳已隐入山林，夜色渐渐笼罩下来。我们在山腰垒起一圈高高的石头，在中间燃起篝火，一场别开生面的音乐晚会开始了。年轻人又是流行歌曲又是迪斯科，55岁的老向导先来了段蒲剧清唱，实在没了新招，便讲起了五老峰的故事。他告诉我们，山上有大小36座峰、9处泉、12仙洞，寺、庙观、庵共64处。他说，新中国成立前从玉柱峰顶到虞乡西关共设接待茶坊40多处，供游人休息、饮食。周围各县、乡都在山上常设接待处和小茶馆。福建、浙江、湖南、湖北、广东、广西等地官吏、商贾、文人学士都来这里觅景览

胜。传说张果老、吕洞宾等仙人也来过这里，并在民间留下了许多神奇的传说。

翌日清晨，为赶着看日出，我们草草用了干粮，喝了几口泉水便出发了。不一会儿，山间起了薄薄的轻雾，似蝉翼罩上了我们。我们穿云钻雾，奋力攀登，待天微亮时，谷内白雾越来越大，树枝、花草挂满露珠，我们也沉浸在飘忽不定、湿漉漉的浓雾中，似乎一切都坠入烟海，虚无缥缈，倍感新奇。

这时，微风轻拂，将满天浓雾渐渐揭起，不一会儿，天边露出一道红霞，太阳喷薄而出，烘出一个半圆形的浅红色轮光。太阳在晨雾中时隐时现，每一分钟、每一秒钟都发生着色彩的变化。

我们总算如愿，完成了五老峰日出的拍摄。这景观使我们现在回想起来还有点激动不已。

当天，我们根据向导的指点，又游览了雷公洞、药王洞、八仙洞和至今留有驴蹄痕迹的张果老洞，亲睹了明清两代的碑记石刻、唐代的细绳纹砖、宋代的花纹砖，以及南北朝时期的五尊石雕人像，三尊明代泥塑彩色人像，何仙姑、张果老塑像。这些栩栩如生的泥塑、石雕给我们留下了极深的印象。听永济的同志讲，山西省政府和运城行署已将五老峰列入重点自然资源和风景名胜保护区，用不了几年时间，美丽神奇的五老峰将同三晋大地上的五台山、恒山一样，成为旅游热点。那时，我们也许会再游五老峰，领略大自然赐予的无限风光。

原载1989年6月18日《运城日报》

2006年1月，我以形象语言反映国家级风景名胜区——五老峰美丽风光的《中国摄影家杜东明》作品集由北京京华出版社出版了。看着自己的一幅幅图片装帧成册，仿佛自己又行走在引人入胜且充满厚重历史文化的五老峰。

五老峰位于山西省永济市东南13公里处的中条山上。我第一次攀登五老峰是在1986年5月29日，当时我在运城地委通讯组担任摄影记者，出于职业的习惯，我对尚未开发的五老峰产生了浓厚兴趣。从那时起，20多个年头过去了，多少次攀登我也记不清楚了。

第一次攀登，五老峰就给我留下了深刻的印象。那天，我起得很早，出发时天气很好，但天公不作美，当我和同行的山西画报社记者樊小力等沿着崎岖的小道，经过艰难跋涉到达峰顶时，"沙沙沙"下起了小雨。霎时烟波蒸腾，雾霭弥漫，群峰被淹没得无影无踪，我们被罩在翻滚涌动的浓雾之中。隐隐约约、朦朦胧胧中我睁圆双眼，立即寻找下山的近道，三脚架成了开道工具，我用它拨动树枝，一步一步挪动，两次都是往下搜索了大约100米时，被奇形怪状的岩石和密密麻麻的树冠隔断了去路。折腾得我们不知该怎么办

为五老峰制作形象名片

时，也许是上苍有眼，这时猛然刮起了大风，很快
吹散了大雾，天空忽然间又清澈得如水洗一样。
"云来山如画，云去山更佳"，朦胧的意境，清新
的画面，我呆了，视觉上获得了超乎寻常的满足。
这次登五老峰，由于对地形不熟，走了弯路，浪费
了很多时间，晚上只好在山上过夜。红沙峪不远处
闲置的破窑洞成了我们一行的宿营地。没有被褥，
只好席地而坐。夜静悄悄的，只有树叶随风轻轻地
摆动。有人提议搞篝火晚会，大家立即响应，分头
寻找干树枝。篝火映红了窑洞，大家跳舞、讲故
事、侃大山、谈摄影，不知不觉度过了一个非常有
意义的夜晚。这次登山，因时间仓促，虽没拍下力
作，但五老峰千峰叠翠、万石峥嵘、溪泉飞瀑、鸟
语花香、神韵天成的自然景观赐给了我非凡的艺术
感受。

　　多次赴五老峰创作，积累了诸多的感悟感触。
五老峰之美，可以从各个角度去体会，在物像与空
间交融变换中，不同时间的变换形成了变化多端的
典型瞬间。春华秋实，水光云影，晨曦暮霭，虫吟
鸟叫，群峰竞秀，形成了完全不一样的视觉效果。
为了拍日出，十几次都是晚上8点开始登山。当时
的五老峰尚未开发，道路坑洼不平，从山口起就要
步行，在陡峭的山路上身背20余公斤的摄影器材和
干粮摸黑攀登，爬到山顶已是晚上1点多钟。在药
坪峰，齐膝高的草湿漉漉的，裤腿湿了，鞋子里灌
满了露水，走起路来"咯吱、咯吱"响，脚心透凉

透凉的，寒风袭来，又冷又困。为了拍雾，我几次冒雨登高，在云遮雾绕中，面对参差错落、千姿百态的群峰，借助虚实对比的构图方式、造境方式、透视方式抒发胸怀；为了拍雪景，我在银装素裹的世界中寻找"山舞银蛇"的别样风姿；为了拍日出，我昼夜兼程追寻朝阳升起时的一缕霞光；为了拍瀑布溪流，我在幽静而神秘的深涧中一次次行走。"踏破铁鞋无觅处，得来全不费功夫"，我有感而发的游记及创作的几十幅图片先后在国家、省、地级报刊发表，60多幅五老峰摄影作品入选各级摄影组织举办的展览，《玉柱神韵》入选中国优秀风景名胜摄影展览，《云涌五老峰》被中国网通制成电话卡发行。

20多年中，我因钟爱五老峰这个题材经历了很多艰辛，山水的博大，使我的性格变得豁达，精神空间得到了进一步拓展。我爱摄影，我爱五老峰。我将继续踏上跋涉的征程，探幽索隐，努力探索自然环境和人文环境的内在意蕴，用创新思维打造五老峰具有丰富内涵的典型瞬间。

原载2006年第2期《山西画报》、2006年2月23日《运城日报》

雾中五老峰

金秋十月，红叶似火，我和几个影友背着沉重的摄影器材去攀登五老峰。为了拍摄日出，夜幕降临时我们从运城出发，夜半时分抵达五老峰最佳景点——玉柱峰。

翌日清晨，细雨飘落，山雾突起。借着风的作用，风吹雾动，滚滚翻腾。站在高山之巅观雾，在雾中赏景，大山如同罩上一层面纱，时隐时现，扑朔迷离。我们身背"长枪短炮"远观近看，穿行其中，抓取一幅幅进入视野的最佳画面。一时间，照相机悦耳的快门声"咔嚓、咔嚓"响成一片。

雨过天晴，云蒸霞蔚，山间的雾团像白色的羊群，慢慢地蠕动于山谷之间；或像汹涌澎湃的浪涛，击打着崖边的礁石，忽高忽低；又如千军万马，奔腾咆哮于群峰之上。仔细观看云雾的流动，缥缥渺渺，变幻莫测，气象万千。洞宾炼丹、舜帝拜母、依山大佛、观音看海、关公千

里走单骑的景象在雾中似有非有，亦真亦幻，带着种种神秘的色彩。借雾传情，我们各自用相机抒发着自己的情感，表达美好的心境。

在这次创作中，我们对雾的性情有了进一步的了解。它像一道面纱，更像一首朦胧的诗，带给我们无限的遐想。雾能表达空间、渲染气氛、净化背景、传达感情，因为它的流动变化，调节了画面的影调层次，丰富了艺术造型效果。

当我们结束这次创作时，仿佛对雾有了一种更高层次的审美感受。

原载2001年12月5日《人民摄影报》

山花烂漫五老峰

每逢春天，五老峰上山花烂漫，令人赏心悦目，多姿多彩的山花成为摄影人最挚爱的表现题材。大家以不同的表现形式拍花，对花倾注了无限的深情，迎春花、龙柏、天芍、山桃、山杏、连壳、白菊等等，被一一摄入镜头。据史书记载：五老峰花草约1000余类，"西周及春秋战国时期，五老峰苍松秀柏，花海无际，碧水青山，景色绝佳"。进入景区，面对如此繁多的山花，在陶醉中我细细品味，究竟如何鉴赏花的美，我将目光投向花的"姿"和"色"——姿态的清丽和妖娆、色彩的绚丽和淡雅，在对花的审美感受中，寻找花的自然美。

花的自然美，可以给人很多审美愉悦。唐朝司空图有故乡杏花诗："寄花寄酒喜新开，左把花枝右把杯。欲问花枝与杯酒，故人何得不同来。"这首诗反映了古人借花抒情，将花的自然美深化为花的文化美的特殊感情。在创作中，我从古今诗人以花抒情的表现手法中汲取营养，开拓自己的审美视野，用各种色彩、各种形态、各种造型方式，从意境上体现花与环境的协调美。意境为意象境界，是在想象中出现的由特定的形象、气氛、情调构成的画面，意境是作品的生命。在玉柱峰上，灵峰观旁，红沙峪边，新峰周围，宾馆前后，山巅溪畔，我从不同角度对花的形状、色彩、线条、结构进行认真观察，根据透视中的近大远小，近浓远淡，以及焦距、景深和光线的照射方向，注意花与周围环境的呼应，通过想象把自己脑际浮现的图像组织起来，以有限的空间表现花的形

态、气质、风度、神韵。

迎春花，因开得最早、迎来百花齐放的春天而得名。又因它那拱曲坚韧的枝条上缀满黄灿灿的小花，形如金色的腰带，人们称它为金腰带、满金条。步移景换，站在红沙峪放眼望去，沟壑旁，崖石下，缓坡处，幽谷里，那瘦小纤弱的迎春花正以灿烂的笑容展现着自己的风采。我静观细赏，阳光下，迎春花那生机盎然的浓绿枝条和浓郁金黄的花朵，以一种自然质朴的神韵浸润了我的心田。我举起相机，全景、中景、特写……迎春花那外形方正、有棱有角、筋骨柔韧。折而不挠、极富可塑性的个性特征拓展了我的审美视野。

　　古来高雅人士几乎都对春天怀有特殊的感情。苏东坡惊叹"春宵一刻值千金";李煜叹惜"林花谢了春红,太匆匆";黄庭坚苦于不知"春归何处,唤取归来同住"……他们留恋春天,一往情深,爱春,惜春,叹春,恋春,怀春,寻春,总希望能得到一种神力拴住春的足迹,让春永驻人间。爱美之心,人皆有之。作为一个摄影人,我也是一个"春"的"痴情者"。从1986年第一次攀登五老峰,每当初春来临之际,五老峰万紫千红的景色,总会使我情牵意动。那随风摇曳的柳丝,野花开出的新芽,小草泛出的绿意,鸟儿枝头的百啭千声,不经意间就沁入了我的心灵深处。我想,多少个春天,能坚持攀登五老峰赏春、拍景,最主要的原因是我不但从古贤雅士的诗句中找到了共鸣,还在感受春景萌动中抒发了我钟爱自然美景的心愿。

原载2015年5月6日《黄河晨报》

夏游五老峰

夏

　　每逢盛夏烈日当头、酷暑难耐之时，一处绝佳的避暑胜地就会在脑海中呈现，那里满山的绿荫掩映，郁郁葱葱，溪水潺潺，使人清新凉爽，这就是国家重点风景名胜区——五老峰。

　　说走就走，在闷热的中午，我和影友相约，驱车前往五老峰避暑。烈日炎炎，太阳失了春天时的那份温柔，像个火球热辣辣地照射着大地，汽车行进在冒着滚烫热气的路面上，街道旁的很多人都穿着背心，有的人光着膀子还摇着扇子……如此的热，我的心已飞到了山上。

　　进景区，从锦绣谷登山，沿曲径盘旋而上，行进在林荫小径中，涧水顺流而下，越小桥，过亭台，枫林山庄出现在眼前，一泓清澈的泉水从山庄门前流过，客房、餐厅、会议室参差错落在青山的怀抱中。登上台阶坐在石桌前小憩，山风吹来，一阵一阵，顿觉神清气爽。

　　从枫林山庄曲折向南数里后东拐，远远地就听到一阵阵雷鸣般的呼啸声，远看一股雾气从林中升起，走进一看，只见瀑布从几丈高的悬崖上直泻而下，跌在下面的潭中，激起浪花，如烟似雾，声貌动人，观之壮观，闻之神爽。沿绝壁栈道盘旋上行，瀑布飞溅，湿人衣袖，更觉凉爽。峰峦陡立，栈道险峻，转上数转到达岩顶，走出小径，到达粮神殿前，四周古松参天，我和影友坐在绿荫里，享受着徐徐吹来的凉风。觉得非常惬意！

　　站在粮神殿西侧，用长焦镜头望远，石人沟佳景俏石近在咫尺，"虞舜寻母""老子传道""关公千里走单骑""仙鸡鸣月"等天然石景形态各异，又生动逼真，让人不禁赞叹大自然的鬼斧神工。据说，石人沟的形成来源于地质的演变，距今约一亿多年前的白垩纪时代，火山爆发，岩浆喷溢，形成山崖，再经风化剥蚀成为现今的面貌。

纳凉观景后，由粮神殿向东行至灵峰观广场，展现在我们面前的是一片豁然开朗的景观。向南仰视是耸入云霄的玉柱峰，向北看是高低错落的五老殿和三清殿，向东看是碧波荡漾的峻奇峰峦，向西看是二仙弈棋吟谈的棋盘峰……我喜欢在这里看景、聊天、品茶，山间的泉水澄清，甘醇清冽，沁人心脾，坐在这样清新凉爽的环境中，品一杯用泉水冲出来的茶，淡淡的清香，润浸肺腑。影友端起茶杯边喝边说，真好呀，真好呀！

浓荫互掩下，还有很多游人在树丛中休息，有的在谈天说地，有的在下棋对弈，有的在摆弄手机，有的在嬉闹玩耍，有的在吊床上闭目养神……从拥挤嘈杂的城市出来，投入山清水秀的景致中，让人觉得格外舒适自在，惬意无限。人们逃离了烈日炎炎的城市，因在这样凉爽舒适的环境中而滋生的快意是难以言表的。

吃罢晚饭，我步出云峰阁宾馆向北循小径到棋盘山去散步，走到老母殿前，眼前忽然一亮，一排五彩的聚光灯亮了，把老母殿照得更加雄伟、壮观。漫步至二仙对弈处，这里没有灯光，站在朦朦胧胧的月色下，一阵阵凉风吹来，山崖上的树枝晃动起来，"沙沙"作响的声音打破了眼前的寂静，恍惚中我觉得好像是二仙的棋子在动。我静静地站着，如同坠入梦境。忽然听到有人说话的声音，是几个游人也来散步。风一阵一阵，极慷慨地吹来，只听得有人说："好凉快！"

夏天，是炎热的，尤其是在城市，高楼比肩互挤，耳畔喧闹不绝，要想"好凉快"，只有在紧闭窗户的空调房里。而夏天的五老峰是凉爽的、是充满魅力的，是真正"好凉快"的好去处！

原载2015年7月22日《黄河晨报》

秋之五老峰　秋

　　每逢9月，秋风乍起之时，我便会想起距运城市区30公里处的国家重点风景名胜区——五老峰。景区内的花草树木渐渐地开始呈现出五彩斑斓，是的，秋天来了。

　　我和影友相约再一次沿锦绣谷登山，又一次置身于五老峰连绵起伏、层林尽染的景色中。沿小溪而上，一路山峦起伏，松柏参天，垂藤卷蔓，在阳光的映射下，不同的植物在大自然中显露出它最美的色彩，再加上蓝天、碧水、亭榭……如画的色彩幻化着秋韵的乐章。

过锦绣谷口上行1公里半，便是景区新开辟的绝壁栈道，峡谷森森，峭壁凌空，栈道沿峡谷回旋曲折，就像一条活脱脱的巨龙奔腾于云霞之中。黑龙潭瀑布在红叶的簇拥下，由栈道上方的山涧倾泻而下，跌落飞溅，恰似扣人心弦的打击乐响彻耳际。那湍急的水声，经过苍林深涧的消滤，只留下歌唱般清越的声音。此情此景，令人心旷神怡，我迅速调整拍摄角度，放慢快门速度，利用广角镜头仰拍，以强调水的动感和画面的气势。物我交融，是提高审美感受的唯一途径，在拍摄现场，我全身心地去审视、去谛听，在心灵的感悟中寻找令人神往的空间。沿栈道继续上行，到达粮神殿，再经老母殿、灵峰观到玉柱峰。站在玉柱金顶观景台极目远眺，千姿百态的山峰，参差错落的庙宇，绚丽流红的树木，呈现出不同的色彩和线条，使人觉得恍惚置身于油画之中。

翌日，晨雾从谷底缓缓升起，轻柔地向山腰飘动，薄如轻纱。在阳光侧射下，山峦呈现金黄的暖色，天公造物，美妙无比。当峭壁上的老母殿被柔和的

阳光映照出清晰的轮廓时，我选择形状明显、色彩饱和的红叶做前景，让它衬托主体，美化画面。这样不仅可以增强色彩效果，而且可以表现画面的空间深度。在拍摄时，如何处理好红叶和其他色彩之间的关系，提高艺术表现力？我坚持通过色彩对比、明暗对比、线条引导来取得协调。如在灵峰观、老母殿、粮神殿拍摄红叶

时，我力求利用建筑的色彩来渲染环境，烘托主题，创造气氛。色中求色，不如无色中求色。如利用灵峰观的红墙做背景拍摄红叶时，画面则形成大红大紫的暖色调效果，给人一种华贵的气氛。一片红叶在晴空万里之下，以青山苍林做背景，轮廓鲜明，其造型美可以表现得淋漓尽致，给人以宁静、雅致和朴素的感觉。另外我还以瀑布、小溪为背景拍摄红叶，使红叶与背景中的水形成对比。拍摄时，我把焦点聚焦在红叶上，在确保红叶清晰度的同时，用低速快门表现水的动感，使流动的水和静止的红叶相映成趣。秋天的色彩是非常丰富的，除了红色，还有蓝色、粉色、紫色，在拍摄红叶的特写时，我利用大光圈将这些不同的颜色虚化成梦幻的背景。

连续多年拍摄红叶，我深有体会。面对漫山遍野的红叶，不能急于拍摄和勉强多拍，应该从不同角度观察，看看到底哪个角度的红叶形状好、有特点，将红叶放在画面中哪个位置比较恰当，红叶对树干的相对尺寸该多大、多小，红叶与周围环境怎样呼应，红叶和其他颜色的色彩对比是否搭配等。在明确了红叶与其周围环境之间的关系后，我再进入拍摄状态。

秋天的五老峰是醉人的，天南海北的人们从四面八方来登五老峰赏秋。在五老殿，我遇见了30多名太原市摄影家协会会员，他们是专程来五老峰拍红叶的。影友相见，倍感亲切，我大致向他们介绍了景区的几个最佳拍摄位置，并和他们一同去东景区红沙峪创作。沿着悠长蜿蜒的小道向东，行走在色彩纷呈的林木和藤蔓遮蔽的通道中，影友们兴致勃勃地不时举起手中相机拍照，将心仪的红叶摄入镜头。无声的景物美妙得出神入化，这时我想起唐代著名诗人李商隐、宋代政治家司马光、元代诗人王恽、明代宰相杨博、清代诗人王含光等古贤雅士游五老峰时的赋诗、题记，那时的他们是不是也走过这曲径，赏过这色彩，享受过这份宁静，才写下了娓娓动听的诗歌、神话、传说、故事。

步移景换，走出红叶掩映的林荫小径，眼前豁然开朗，在一片层林尽染的林海山岳中，突然出现一片寸草不生的沙漠，让我们感到无比神奇绝妙。更为奇特的是，在沙漠的腹心长着一颗硕大的杨树，树冠已不像夏天那样葱绿，完全变成了金黄色，在侧逆光的照射下，显得非常耀眼。置身其间，影友们有的在感叹，有的在欢笑，有的在寻找最佳拍摄角度，一种永恒而美好的感觉充盈在胸。

在第三天的拍摄中，我又遇到了从太原来的省政协摄影协会的十几名会员，还有从福建来创作的一位老先生。在聊天之中这位老先生告诉我，他是一名摄影爱好者，从《中国摄影报》上看到五老峰的文字介绍和图片，感觉非常美，就来了。他说："山上的主要景点我都游览过了，果然名不虚传，可以说山美、水美、林美，尤其是我来的正是秋高气爽的时节，满眼是红透了的红叶，令人眼花缭乱，目不暇接，难以忘怀。"

好一派秋意浓浓的景象！朋友，如果你还没有到五老峰赏过秋色，那么请你快来吧！

原载2015年第六期《河东文学》

雪中五老峰

　　正月初二下午，运城市区星星点点地飘起了雪花，我一直想拍永济五老峰的雪景，便和景区的朋友老叶联系。正好他在山上值班，告诉我雪正下着呢，地面已经全白了，我立即出发直奔五老峰。

　　这是我第二次去五老峰拍雪景，第一次还是在20世纪80年代。我记得那次雪下得非常大，雪花从一望无际的天空中纷纷扬扬地飘落下来，我和影友冒雪沿着羊肠小径深一脚浅一脚地慢慢前行，边走边拍，脚下发出的"咯吱、咯吱"声伴随着快门声清脆入耳。沿途树上雍厚而洁白的树挂无比美丽，山舞银蛇的景象至今令人神往，记忆犹新。

　　这次进五老峰拍雪景，和上次一样，因盘山道路已积起了厚厚的雪，车辆不能通行，我只好和影友从西门口开始徒步登山，经过近一个小时的艰难行走，才到达景区的木桥处。雪花飘飘洒洒地落在木桥上，桥下水面结成了厚厚的冰层，积雪似化非化地覆盖在上面，溪水从冰层旁的陡崖处缓缓溢出，顺着被冰掩蔽着的缝隙落下。锦绣谷的山门，半山腰的亭台，在迷迷茫茫的轻雾中，好似被装饰上了一层白霜。面对眼前的景象，如何寓意于境，境中见意，我悉心观察，用自己的整个身心去体悟。在构成画面时，根据删繁就简的构图宗旨，调整视觉空间结构，尽量以有限的空间表达具有无限空灵感的情境。

过木桥，沿石台阶而上，只见崎岖的山路两旁玉树琼花，树木的树干和树梢都铺上了晶莹透亮的雪花，低矮的灌木丛里也铺满了洁白无瑕的冰粒。我踏在湿漉漉的雪上，雪花随风在轻盈地飞舞，空气中带着沁人心腑的清新。

抬头远眺，苍茫的群山被皑皑的白雪覆盖，松柏屹立于冰天雪地之间。忽然，身穿红色羽绒服的影友超过我朝上走去，当他离开我有5米多远时，我迅速变换角度，调整焦距，立即按下快门，在白雪的映衬下，这个红点在画面中显得非常醒目。这正是我希望拍到的画面，它能给人以幽静、清逸、超然的感觉。

步步登高，雪白的石台阶一层·层向上延伸，犹如一排排琴键，踏上去发出的声响，好似弹出的不同旋律。沿着台阶向上望去，玉柱峰突兀而起，隐隐约约，似在招引我们进入佳境。行至大红崖小憩，石桌石凳上积雪未消，我擦去石凳上的雪，和影友坐下来边赏雪边聊天，处在这样一处幽深雄奇、洁白如银的环境中，令人遐想无限。

夜幕降临，万籁俱寂，层层山峦隐没在白茫茫的暮色中，脚步声和着随风轻轻摇晃的树木"沙沙"声，我们慢慢上行。快到新峰时，只听到景区老叶一声喊叫，一道手电光射过来，我看见了他的身影。微风吹来，雪花飘舞，坐在耸立的峭壁下，我仿佛看到了古时匠人站在悬崖峭壁上盖庙的奇观。那险境，那仙境，别有一番意趣。晚上8点多我们到达灵峰观，万物都沉浸在柔和而晶莹的白色世界中，天空、山谷、庙宇呈现出一种静谧的禅意画面。寺庙窗户上明亮的灯光映出参禅悟道、潜心修行的人影，诵经的声音传入耳际，我伫立于凛冽的寒风中，仿佛经历了一次心灵的洗礼。

原载2015年3月16日《运城日报》

悟道五老峰

　　五老峰位于山西省永济市东南13公里处的中条山，地处晋、秦、豫三省交会之黄河金三角，是国家级风景名胜区、国家森林公园、国家4A级旅游景区。我从1986年5月第一次攀登五老峰创作至今，20多年过去了，积累了诸多感悟。

　　五老峰之美，可以从不同角度去体会，一年四季，不同的季节，一次次攀登，一处处景观，在光与影的作用下，在云与雾的呵护中，形成了完全不一样的视觉效果。为了拍日出，我几次夜里3点多起床摸黑登山，日出时分抵达药坪峰；为了拍云海，我十几次冒雨登山，在千仞绝壁上寻找最佳拍摄角度；为了拍雪景，我在凛冽的寒风中踏雪寻觅峰岭裹银的壮观景色；为了拍低色温的暖色调效果，我在晨风中伫立山头守望群峰流红的景象；为了拍深谷碧水，我足迹遍及人迹罕至的地方。

　　记得有一次攀登五老峰时，正值金秋多雨，站在五老殿放眼望去，形似五位老人的山峰随着漂浮翻腾的云海时隐时现，云在峰间自由飘荡，时而如奔泻千里的急流，时而如倾泻绝壁的飞瀑。在拍摄中，我遵循宋代画家郭熙的古训："山，近看如此，远数里看又如此，远十数里看又如此，每远每异，所谓山形步步移也。山，正面如此，侧面又如此、背面又如此，每看每异，所谓山形面面看也。"不停变换位置、角度和相机镜头，拍摄出了不同

的画面。

海拔1809.3米的玉柱峰是五老峰的主峰，它恰如通天巨柱，笔直挺立，直插云海。棋盘峰、太乙峰、东锦屏峰和西锦屏峰，四峰罗列辅之玉柱，雄姿超俗，各尽其妙。置身其中，我努力从不同的角度观察提炼，感受它们的个体形象和组合关系，尽量使画面的构图、线条、色彩、光线以及虚与实、浓与淡、疏与密在对比中产生艺术效果。

五老峰风光因时而异，作为一个摄影人，没有灵活的思维能力和想象能力，在短时内很难认识到山的特征和本质。同是一座山，由于认识不同，以及对形象思维的基本规律理解程度不同，有的影友充分发挥想象力利用遮挡和区域曝光，成功地控制了影调以造就雄、险、峻的作品形象；也有的以中国画形式，或以强烈的油画效果，或以浓郁的散文诗格调构造作品形象，因而形成了各自不同的视觉效果。

五老峰山中有9泉、12洞、36峰，盛时寺、庙、观、庵大小曾有64处，嶙峋翠微，秀甲三晋。奇特的喀斯特地貌造就了许多罕见奇观：流泉、飞瀑、奇峰、怪石，还有松涛、云海……作为一个摄影人，面对偌大的五老峰，我不光是用眼睛看，而是调动全身的感观去体验，鼻息所感受的是自然的清新气息，皮肤感受的是空气中的湿度。正是由于自己与大山的融合，有意无意之中所能领会的美景才被一一收入镜头。

交通：在永济市、运城市乘坐公共汽车即可到达，南同蒲铁路永济火车站下车乘公共汽车可到达。景区内有三条登山线路，方便快捷乘索道上山，健身锻炼登台阶上山，轻松漫游从锦绣谷沿水系上山。

食宿：云峰阁宾馆坐落在五老峰上棋盘峰南侧，条件优越，环境优美，站在宾馆一、二、三楼观景台可看到玉柱峰、五老殿、老母殿。刀削面、猫耳朵等风味独特的山西面食值得品尝。

拍摄建议：进入景区后，首先观察，根据自己的创作意图，找出自然环境中富有艺术表现力的结构因素，调动角度、光线、不同焦距镜头、滤色镜等一切手段，将多余的部分排除在画面之外，保留最引人入胜的景物。在景物空间距离小的情况下，发挥广角的威力，比如拍山，山峰离得近，可用广角镜头拍摄。有时一些景物距离远，不能同时集中在画面上，可以从远处用长镜头拉近，使画面饱满。景物虽不能动，但在不同焦距镜头的运用下，可以让画面产生不同空间效果。

原载2013年7月30日《中国摄影报》

五老峰观云听松赏绝景

五老峰位于山西省永济市东南13公里处的中条山脉，地处晋、秦、豫三省交会之黄河金三角，主景区面积30平方公里，是国家级风景名胜区、国家森林公园、国家4A级旅游景区。

我在五老峰潺潺的溪流旁，陡峭的悬崖上，葱郁的林木间，晓岚暮雨的迷雾中，从不同的角度观察提炼，感受不同建筑的个体形象和自然风光的组合关系，尽量使画面在构图、色彩、线条、光线，以及虚与实、浓与淡、疏与密的对比中，呈现出多变的空间。

雨后云海

雨后的五老峰云海乃一绝，云海多出现在雨后初晴的早晨或雷雨之后的傍晚，此时山间水气蒸腾，云雾缭绕。我先后登上玉柱峰、棋盘峰、太乙峰、东锦屏峰和西锦屏峰，根据创作意图，调整角度、光线、焦距、镜头，努力从自然环境中寻找富有艺术表现力的结构因素，将多余的部分排除在画面之外。利用广角镜头焦距短、视觉大、空间感强的特点，让天桥作为主体纳入前景画面，中景是云雾幻化的云海，远景是若隐若现的山峰。

在拍摄中，以谷底升起的迷迷茫茫的水蒸气来营造空气透视效果，使整个画面既有虚实浓淡的丰富层次，又突出了雨后云雾变化的奇妙景色。画面中天桥上的人与建筑凭借着"山欲高云雾锁其腰"的分景、隔景空间处理，构成了如痴如梦的奇幻效果。不论是近景、中景、远景中变幻无穷的云雾，还是远处淡淡的峰巅，或是处在云雾蒙蒙中的天桥，这种渐入仙境的雾化效果，不仅能表现出整个场景静的感觉，更能突出主观意识的表达。

轻雾林莽

五老峰还是一座风光迷人、秀色可餐的大林莽。景区的植被遮天蔽日，郁郁葱葱，漫山遍野，场面辉煌。尤其是这里的松柏，高大挺拔，直指云天，相互依偎，可谓密不透风。黑龙潭上林木成荫，翠峰环抱，我踩着一条小路向粮神殿走去，迷

蒙的雾气在林中旋绕，山色幽翠，如流欲滴，面对如此美景，我尽可能让自己的眼睛在形状、色彩、结构上巡游，以便使所选择的拍摄环境有利于突出主体。在拍摄现场，我根据摄影构图中画面留白的理念，有意将粮神殿安排在预想的位置，然后调整拍摄距离，随着一层薄纱似的轻雾裹着霏霏细雨缓缓飘来，我立即按下快门。

日出峰台

经莲花台，过明眼洞，踏上回心石旁的盘山穿林台阶，登上五老峰观景台，极目远眺，玉柱峰、棋盘峰、粮神殿、云峰阁，还有黄河奔腾的百里景观

尽收眼底。头上悠悠蓝天，身旁奇峰竞秀。观景台上观日出日落，十分壮观，遥望日出日落时天边那一抹玫瑰色的云霞，群峰披上了绚丽的色彩。观景台是观云海的绝佳位置，雨过天晴后，云海变幻无穷，时而银波滚滚，如万马奔腾；时而风平浪静，似海天一色。山峰像岛屿在云海中呈现，飘渺的云雾在身边环绕，好像自己也站在了云海中的蓬莱仙岛上。

太阳揭开了云雾的面纱，洒在了观景台上，不同环境光线，给画面带来了不同的气氛。夕阳西下，一片血红的霞光中喷吐出一个火红的圆球，那耀眼的光芒顿时直射过来，观景台、云天、山峦染上了鲜艳的色彩，我不失良机，将观景台的粉黛建筑和自然风光纳入镜头。无论是拍摄日出日落，还是缥缈的云

雾，都应该摸透光线的变化规律，分析各种光线并加以运用，这样才能将所要表达的情绪反映出来。

五老峰不仅山美、水美，还是奇花异草、珍稀动物的天堂。当然还远不止这些，还有每年一度的登山节、朝山庙会，以及五老峰本身那悠久的历史文化，都是值得拍摄的题材。

交通：从北京、太原、西安乘坐高铁、火车可达永济市、运城市。在运城市、永济市乘坐公共汽车即可到达。

原载 2014 年 7 月 25 日《中国摄影报》

移步换位镜写五老峰

　　"西则石壁千寻，东则蟠溪万仞。方岭云回，奇峰霞举。孤标秀出，罩络群山之表。翠柏荫峰，清泉灌顶。"这是北魏地理学家郦道元在《水经注》中对五老峰发出的赞美之词。虽如此，五老峰胜景，短短几句又怎能道其万一，欲识其美，只有亲临观赏。

五老峰位于山西省永济市东南13公里处的中条山脉，地处晋、秦、豫三省交汇处，主景区面积30平方公里，是国家级风景名胜区、国家森林公园、国家4A级旅游景区。它以历史遗迹众多、山水风光雄奇秀险而名扬天下，历代有风云人物游历于此，壮美的诗章史志可见。

作为一个摄影工作者，面对五老峰厚重的历史文化和奇巧瑰丽的景色，要通过摄影手段得其神韵，现其本质，并不是看着照相机取景器按下快门那么简单。我曾多次去五老峰拍摄，从不同角度、不同侧面和变化多端的光影中审视山、水、建筑的组合关系，感受色彩的强弱、冷暖变化，在俯仰之间，抓取最富有意蕴的空间结构。一次次拍摄，带来一次次思索和一次次不同的感悟。

一、乐在徒步寻美景

去五老峰，有3条登山旅游线路：方便快捷可乘索道上山；健身锻炼可以登台阶上山；轻松漫游可从景区西边的锦绣谷沿水而上。从拍摄的角度考虑，我建议喜欢摄影的人从锦绣谷

登山，这里植被丰茂，泉水透明，流水不绝，山光水色，奇景多姿。

冯镇峦《读聊斋杂说》中说得好，"贪游名山者，须耐仄路"。我在多次从锦绣谷徒步登山中深有感受。从锦绣谷山门开始，经山庄、鳄鱼戏水、象吟飞泉、黑龙潭瀑布、绝壁栈道达灵峰观。其间穿林荫小道，在翠峰环抱的峡谷中拾级而上，大大小小的溪流随着石径蜿蜒流淌，飞瀑从云崖夹峙中奔出，时而还能听到不知名的鸟叫……一边登山、一边赏景、一边拍照，在这个过程中听听山里的风声，呼吸一些山里的清新空气，一点都不会觉得累。优秀的作品在某种程度上是走出来的。在行走的过程中，因视觉的改变，光影的变化，一些绝非预先所能想到的画面由此产生，具有很强的偶然性。总之，自然景观需静候、待捕捉，绝非匆匆赶路者所能领会。

二、观察提炼抓特征

在五老峰摄影中经常会出现这种情况，有些人进入景区后，觉得这边景色动人，那里山水诱人，于是就举起照相机"咔嚓、咔嚓"地拍个不停，虽然拍的很多，但优秀作品乏陈。

为什么会出现这样的情况呢？简单地说，这是因为拍摄者还没有掌握了观察方法。面对五老峰的美，首先我们必须通过观察取景，利用一定的色彩、线条、光线，抓住表现大山本质特征的部分，舍弃无关的次要枝蔓。法国摄影家布勒松曾说，摄影家必须防止那种包罗万象的思想，我们必须从生活的素材中进行提炼、提炼、再提炼。在五老峰创作中，我遵循这一法则，当遇到令自己兴奋或者美好的景物时，不急于按下快门，通过观察物体的形态轮廓、物象的聚散起伏，确定视觉效果最强烈的趣味点。

能否取得成效，依赖于创作者的观察、提炼。普通游客看山水，通常不会有意识地改变个人习惯，但作为拍摄者，就应多方面、多角度改变自己的观察位置，不平常的视角自然会带来不寻常的视觉效果。

三、开阔视野选角度

选择拍摄角度的问题上，我遵循苏轼《题西林壁》中"横看成岭侧成峰，远近高低各不同"这两句诗里揭示的观察事物角度。"横看成岭侧成峰"说的是拍摄方向，"远近"不同说的是拍摄距离，"高低"不同说得是拍摄角度。从不同角度观察事物会得到迥然不同的视觉效果，产生不同的画面构图，因而也会形成不同的艺术效果。从不同角度、不同距离、不同高度看五老峰，都有不同的胜景，因此，在拍摄时得按被摄对象的形态特征来选择视角，通常有以下几种选择方法——

极目远眺法：五老峰的主峰玉柱峰，海拔1809.3米，举目仰视，贴近拍摄，只能见其高，对玉柱峰的雄伟壮阔不可能有深切的体会。如果拉开距离，从五老殿后山上或在五老殿后拍摄，就会发现它在陡峭山壁怀抱中显得分外壮丽。还有，拍洞宾塑像，距离太近失去美感，只有站在老母殿看洞宾塑像，吕仙站在山势峻峭的万绿丛中，才会显得分外庄严肃穆，给人一种洞宾欲驾五云飞的感觉。

登高俯瞰法：五老峰以奇、秀、雄、险、怪而著称登高俯瞰才能获得奇景，然登上五老峰月坪梁俯瞰，会有"会当凌绝顶，一览众山小"的感受。

　　环视一揽法：好像电影里的摇镜头，随着视线的横向移动，景一个接一个地徐徐展现在面前。站在玉柱峰上，环视一圈，南有月坪梁、观景台，北有灵峰观，东有红沙峪，西有粮神殿、老母殿、云峰阁宾馆……环视中，大范围的景物画面使人目不暇接。

　　翘首仰视法：根据近大远小、近高远低的透视规律，翘首仰视会获得雄伟壮观的景象效果。五老峰上群峰竞秀，绝壁连绵，在攀登玉柱峰途中，有一石笋凌空矗立，仰视给人一种悬空的感觉。

俯首近取法：所谓远看其势，近看其质。登高望远是从大处着眼，纵横全貌，一览无余，而要细细品赏一溪一石、一花一木、一壑一瀑，俯首近取才是良策。

移步换景法：五老峰面积颇大，具有变化无穷的拍摄视角，每当拍摄方位改变一次，就会产生新的景观。五老峰上棋盘峰、太乙峰、东锦屏峰和西锦屏峰，四峰罗列辅之玉柱峰，山中有9泉12洞36峰，俯仰之间，任何角度都能入镜。

视角和观察方法的选择，拍摄者的审美需要起着重要作用。如你想了解五老峰景色的全貌，非得登上月坪梁作鸟瞰不可。你想欣赏锦绣谷的景色，只有徒步才能领略。在这里，视点的选择主要还是按主体的审美目标来确定的。俗话说"登高望远""入洞探微"，你要望远必须登高，你要探微就应入洞。目的不同，位置的高低远近也应有别。

要在观察提炼上下功夫，善于选择新角度，着力抓取那些能表现大山主要特征的形态。拍照时，应根据主体、陪体和色彩、光影间发生的不同变化确定画面构成。在景物空间小而又要表现庞大的场面时，应运用14-24mm镜头拍摄。在表现山间石头形似"依山大佛"和"关公千里走单骑"等形象时，可用长镜头拉近拍摄，刻画其神态。

怎么去：从北京、太原、西安乘坐高铁、火车可达永济市、运城市。在永济市乘坐公共汽车20分钟即可到达，在运城市乘坐公共汽车1个小时即可到达。

食宿：云峰阁宾馆坐落在五老峰上棋盘峰南侧，条件优越、环境优美。站在宾馆一、二、三楼观景台可看到玉柱峰、五老殿、老母殿。锦绣度假区位于锦绣谷内，四周古树参天，枝叶繁茂，垂藤卷蔓，溪水碧湛，凉意沁人，是绝佳的休闲食宿场地。刀削面、猫耳朵、野韭菜等风味独特的美食值得影友品尝。

原载2015年5月22日《中国摄影报》

连绵五老峰
道学融其中

　　五老峰坐落在山西省永济市东南13公里处的中条山上，我被吸引，不是因为它有国家级风景名胜区、国家级森林公园的名气，而是因为它是一座道教文化名山。当我从上世纪八十年代第一次攀登五老峰时，就对它一见倾心。

　　五老峰有三条登山线路，一条是乘索道上山方便快捷，一条是从人工铺就的石台阶登山，一条是从锦绣谷沿水系而上。三条线路各有美景，但我更喜欢走锦绣谷，沿着水系步行是一种无比美好的享受。

　　美的享受是一种由审美对象所引起的复杂的心理活动和心理过程。在多次攀登五老峰的过程中，在自己的感觉、知觉、情感的因素的作用下，我对五老峰的美有了更深入的认识。毫不夸张地说，五老峰的美，有林深泉幽之美，道观庄严之美，群峰竞秀之美。

林深泉幽之美

《论语·雍也》有"智者乐水"一说，意思是智慧的人喜好水。我虽然不是智者，但多次攀登五老峰，喜欢选择从锦绣谷沿水系上山。行走其间，清澈碧透的溪流，飞珠散玉的急瀑，和风摇曳的花草，葱郁森罗的名木，风韵天成的青山，使我忘记了与繁华和喧嚣有关的一切。我总是慢慢地走着，视觉、听觉通过大脑的作用，不同对象的形体外貌、形式结构、色彩线条，在快门声中

被一一纳入镜头。边走边拍，虽然放弃了乘索道上山，步行艰苦，但一路有潺潺水声相伴，累了歇歇喝口泉水，倍感神清气爽。

　　行进中，我会把脚步放得很慢，只怕匆匆而行错过一个好的画面。经锦绣山庄、象吟飞泉，黑龙潭瀑布近在咫尺。驻足仰望，飞瀑从悬崖峭壁间倾泻而下，给人一种鼓瑟齐鸣、如歌似舞的感觉。水流倾泻产生的水雾烟雨甚是壮观。在欣喜之时，我从不同的方向、高度、距离对瀑布进行认真观察，然后根据光线照射方向安排画面布局。为了显示瀑布的全貌，我选择广角镜头仰拍，使瀑布在与周围环境的呼应关系中显示出高度和气势。广角、中焦、长焦，俯拍、仰拍，不同镜头、不同距离的景别变化，再现了我对瀑布美的感受。

　　承接瀑布的是黑龙潭，由于飞瀑水花如断线的珍珠飞溅，清清的水面不时荡起涟漪。顺着瀑布的绝壁栈道上行，水珠不时溅到身上，让人觉得有一种被爱抚的感觉。望着峭崖绝壁、叠翠峰峦、森森密林、瀑布水潭，我不断地选择拍摄角度，力争把最美的画面纳入镜头。

道观庄严之美

到五老峰如果仅仅陶醉于碧水青山，是有缺憾的。五老峰是以道教文化为代表的名山，它同佛教圣地五台山南北遥遥相峙，齐名天下。早在炎、黄、尧、舜、禹初治之时，五老峰即为黄河流域最早的帝祀名山。据考《论语撰考谶》载：尧率舜登首山观河诸事，道流附会，因授书事封为名山，建五老祠于太乙峰。

在历史的长河中，五老祠经历了从秦汉始有，到清末民国初年军阀混战时遭毁，再到20世纪80年代重建，如今依然矗立在太乙峰上。每到五老峰，我总会到灵峰观，在那里我可以静听道观的晨钟暮鼓和礼佛念经时的禅语。

灵峰观是一座依山势而建、错落有致的建筑群。步入灵峰观，首先映入眼帘的是正面的三清殿、钟楼和鼓楼，两侧分别是八仙殿和雷神殿。三清殿内塑有玉清元始天尊、上清灵宝天尊、太清道德天尊像，正襟端坐，慈祥的眉宇间凝聚着睿智。我驻足佛像前，看着人声鼎沸和香火缭绕的场景，心想这大概就是信仰的驱使和道教文化的魅力。

从三清殿西侧拾级而上，映入眼帘的是五老殿。它气势宏伟，体现了明清建筑的风采。殿内有五老天尊，栩栩如生。据当地人说，这座道观很有灵性，可帮助人们排忧解难。

走出灵峰观，一条羊肠小道带我们走向古老历史。在五老殿后面的山头边有一片废墟，据了解那是道观遗迹。如今的游人大都来去匆匆，很少有人来到山头上欣赏这残垣破壁。沧桑无语，最迷人是在夕阳的照耀下，低色温的暖色调弥漫在残垣破壁上，宁静的场景，于前面香火旺盛的道观形成了明显的反差。站在这个有历史的地方，让人感受到一种跨越时代的虔诚。

站在废墟处向西眺望，棋盘峰最北端的山头上矗立着一尊吕洞宾塑像，据

说此处曾是吕洞宾坐禅苦修之处。塑像、山峦、夕阳，组成了一幅禅韵仙境。在这里，我似乎从千峰万壑中听到当年吕洞宾滔滔论道的历史回音和道人当年追索哲理的深邃心境。

　　为了能拍到灵峰观全貌，早5时多，我们就扛着三脚架，任露水打湿着裤腿，迎着凉风，顺着西锦屏峰下没开发的羊肠小道缓缓上行。在半山腰一处凹凸不平的悬崖上我支起了三脚架，等待中，阳光从山脊的缝隙间穿出，一束光照在灵峰观上，低照度的光线形成了具有特殊效果的局部光，别有一种情调，我果断按动快门。局部光的运用，不但突出了主体灵峰观，重重山峰的淡淡色调与主体影调呼应，画面顿时有了节奏感和韵律感。灵峰观的山门，高耸的红色墙面，参差错落的道观，在长焦距和广角镜头里形成了一个个不同的画面。阳光缓缓移动，漫过一座座山峰，一个个不可思议的美景冲击着我的视觉和心灵。站在险处看美景，给人一种超越尘世的感觉。

群峰竞秀之美

　　五老峰其实不是五座峰，除玉柱峰、东锦屏峰、西锦屏峰、太乙峰、棋盘峰外，还有新峰、点将峰、药坪峰等大大小小36座峰。主峰玉柱峰位于灵峰观

南侧，观其貌它的地质结构与周围山峰不一样，在群峰中显得特别雄伟，其峰脉之状形如帝王。

由灵峰观向南循山路上行，峰峦叠翠，崖壁峭立，林木茂密，我行进在奇险幽深的峡谷中，身背器材，气喘吁吁，行至灵峰观至玉柱峰中段的莲花台观景亭，正好憩息观景。这里三面群山环抱，在此观景，太乙峰、灵峰观、客运索道等自然景观和人文景观尽收眼底。我支好三脚架，根据观察对进入眼帘的景致进行选择、提炼，将对自然美的感受释化成不同的画面。

继续上行，山道依然是那么蜿蜒崎岖，两边高耸的山峰中间夹着陡峭的石台阶，过明眼洞，举目仰视，天桥在两个山峰间相接，只见游人手扶铁索，一步一步小心走过桥面。我加快脚步，顺着铁索旁的羊肠小道，终于登上了位于玉柱峰南端的玉柱金顶观景台。在观景台放眼远望，大大小小的山峰重峦叠嶂，形态万千，玉柱峰昂首矗立直插云端，东锦屏峰、西锦屏峰绵延起伏，像巍峨翠绿的屏风一左一右护卫在玉柱峰两侧，棋盘峰奇异绝险，玉皇殿的壮观，粮神殿的清幽，石人谷的秀奇，天桥的幽深，高空滑索的险峻，环视之中，大范围的景物画面令人目不暇接。多维的立体空间，打开了我审美心理的直接感触，使我感受到了山的形、质、色、味、声。在多次赴五老峰创作中，我觉得不光要靠眼睛看，而且要调动全身的感观去体验，鼻息所感受的是自然的清新气息，耳闻的是万籁之声，让皮肤感受到的是山水中空气的湿度。只有这样才能达到人与自然融合，在美的享受中捕捉美的画面。

每上五老峰，我都要求住到宾馆三楼靠东边的房间，因为登高可以望远，

山峦环抱中的景色一目了然。夜里望月，那份久违的静谧如月华一般成了伸手可及的柔情。

我多次攀登五老峰，五老峰是一个让人上一千遍也不厌倦的地方，今年来了，明年还要再来，一次次的感受，一个个不同的美景都装在了心里。

怎么去：可乘高铁直达永济市，自驾可经高速路直达永济市。

怎么拍：在五老峰莲花台观景台、玉柱金顶观景台、云峰阁四楼观景台三个最佳观景点，巍巍群山和道观尽收眼底。

吃什么：五老峰不仅从视觉上可以让游人感受到道教文化和山的灵气，而

且从味觉上可让游人享受永济扯面、炒凉粉、莺莺饼、野蘑菇、野韭菜等山野风味美食。

原载2016年3月15日《中国摄影报》

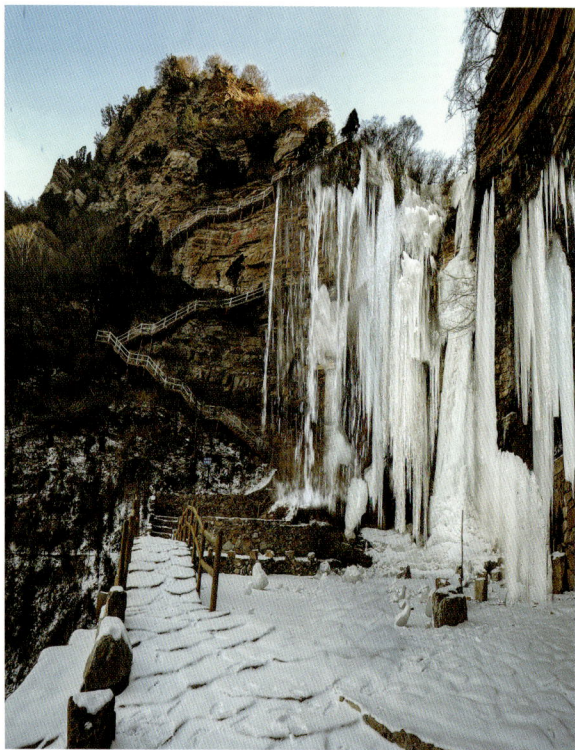

冰瀑奇观黑龙潭

今年不寻常的寒冷天气，造就了山西省永济市五老峰黑龙潭难得一见的冰瀑奇观。2月20日，天气寒冷，气温骤降，我驱车从运城市区出发去五老峰风景区拍摄冰瀑。

进入锦绣谷景区，沿着崎岖的道路前行，雪花纷纷扬扬地飘着，水是凝结成冰的，小径是洁白的，整个人仿佛走进了一个童话世界。步移景换，峡谷背阴的悬崖峭壁上随处可见高悬的冰瀑。在瀑布水势的千变万化中凝固成了千姿百态的冰幔、冰柱、冰帘、冰乳，晶莹剔透。俯仰之间，山与冰瀑缠绕，冰瀑与山呼应，冰瀑与山融为一体，一派壮观景象。

走近黑龙潭冰瀑，俯仰之间，有的像严阵以待的将士，威武、雄壮；有的似天鹅，漂浮在水面上游弋自如；有的如胡须细长的圣诞老人，正在讲述冬天里的童话；有的似沉思的哲人，静静地在思考着；有的像少女那飘飘的长发……我一边欣赏冰瀑形态各异的造型，一边选择最佳的拍摄角度，那冰瀑、那溪流、那青苔是那么清晰，那么宁静，瞬间将我带入了梦幻般的世界。静止的，动态的，有灵性的，有情趣的，有韵味的……我惊异大自然这一丹青妙手将这连绵数里的峡谷装点得如此绚丽多彩，美妙多姿。

创作中，潺潺溪流那柔美清亮的哼唱和冰瀑的滴滴答答的声响，一直伴随着"咔嚓、咔嚓"的快门声，仿佛在给我助兴提神，我一时忘却了所有的尘世烦恼，五脏六腑都跟眼前的冰瀑一样，清新而祥和。这时，我忽然觉得所有的冰瀑都是有生命的，作为人类的我们，已经习惯了太多的喧哗与聒噪，冰瀑用灵妙的形象让人们回归自然。

风拂过面颊，把我从遐想中呼唤出来，我又举起相机，试图将那冰瀑中蕴藏的内涵与神韵拍摄出来。冰瀑吸引了很多影友都来拍摄，你仰拍，他俯拍，大家从一个个细节和异态纷呈的景象中挖掘无限有意味的理想空间。为了使情感和思想在无限灵感中获得对传统意象的超越，我不时调整角度，将镜头贴近冰面拍摄。一阵寒风袭来，滴滴答答的水珠顺势飘洒四散，顿时衣服上脖子里都溅上了水珠，眼睛也被水珠蒙住了视线，我用手一摸，脸上也缀满了许多水珠。不知不觉中，拍了两个多小时了，但大家都没有想走的意思，一直这样拍着、欣赏着，有人说该走了，影友们才恋恋不舍地收镜。

启程时，又有影友奔冰瀑而来。洁白无瑕的五老峰冰瀑，我还会再见你的，我要用镜头把你的美传播出去，让更多人了解你童话般的魅力。

2015年2月20日晚于雕龙阁

五老峰人体摄影小记

　　五老峰是一个非常迷人的地方。从1986年5月初探五老峰，到每年春夏秋冬去拥抱五老峰，这块旅游胜地为我的摄影创作提供了一个前所未有的自由空间。

　　莎士比亚说，人是多么了不起的一件作品，宇宙的精华，万物的灵长。这段话给了我一个启示：能否将人体模特融入五老峰，来一个人与自然的对话？我对人体摄影没有研究，但我欣赏过《中国人体模特艺术大展作品集》《中国人体摄影年鉴》《生命礼赞》等十几本人体摄影画册，并观看过一些国内外优秀的人体摄影作品展览。一个意象在脑海里闪过：奔放自由的女性身体，展现在绿意葱茏、浓荫四布、清泉潺潺、群峰竞秀的五老峰中，俨然一幅天人合一的美丽画卷。

　　说拍就拍，我立即邀请了中国人气最旺的人体模特玛莎和丽娜到五老峰景区创作。从锦绣谷登山，一路上都是苍松翠林，溪水清流，鸟语花香，我一边走，一边欣赏，一边选景，寻找人体与山水结合的切入点。在一处林木蓊郁的水池旁，玛莎进入创作场地，她毫不羞怯，立即脱去衣服，丰满的胸部，清晰的曲线，柔嫩的肌肤，匀称的双腿，自信的眼神，和谐而富有生机。当看到她在不停地移动位置和变化动作，富有饱满质感的影子映入水中形成倒影时，我通过不同位置和使用不同焦距镜头，删繁就简，以虚带实，把写意因素摄入画面。

玛莎很有灵气。在拍摄的过程中，我觉得她把自己的感情、韵律、动作融为一体，不论是以古建为背景，还是以山石、水桥为依托，她都会随景致的变化而调整姿态与动势，使头、胸、胯、下肢和谐扭转，婀娜的身姿、优美动人的曲线、庄重甜美的笑容，火辣辣的眼神、热情奔放的气质，为我们的拍摄提供了一个个绝佳的视觉效果。一路上，我们沿着缓缓流淌的溪流前行，山越来越高，到沿着峭壁凌空的栈道上行时，便见清澈的黑龙潭瀑布从山上直流而下，像一条白色的绸带随风飘洒，不时打湿人的衣襟。一个台阶一个台阶，边走边观景，不知不觉走出栈道，到达一块比较平坦的地方——粮神殿前。小憩片刻便投入拍摄，我以粮神殿的红墙作背景，让玛莎站在暖色调红墙前，侧身面向远方的石人沟，在模特一抬手一投足的过程中，尽量使其与周围环境相协调。艺术讲究藏，从审美的角度来判断，藏会给观者留下回味、想象的空间。如果在拍摄时，让模特转过身来面对镜头，那种深含内藏、耐人寻味、引人联想的意象就没有了，完全成了露的东西了。

　　我不喜欢太写实的画面，喜欢借助虚实对比的结构方式、透视方式抒发胸怀。雾似乎了解我的心情，起雾了，雾弥漫在庙宇、山峰、松林之间，使原本清晰的山水草木在时隐时现中呈现出朦胧的美。我一转身，看到灵峰观朦朦胧胧、模模糊糊，显得更加美妙、更加神秘，我立即示意丽娜到指定的位置。她心领神会，做了一个非常精彩的瑜伽动作，画面中既有心灵在一呼一吸中的幽静之韵，又有因山体、寺庙在雾中而产生的苍茫缥缈之境，融入、思考，我不失时机地按下快门，将阴柔之美与自然之美通过相机转换成了具体的影像。

　　站在灵峰观后面的山头上，远远望去，五老峰的标志性山峰——玉柱峰在群峰中昂首屹立，高耸云端，显得气势非凡，雄伟壮观。我认真观察，从形体、空间、质感、色彩关系、画面结构考虑，如何将人体模特的阴柔之美和主峰特有的力量之美在对比中形成灵动。我要求丽娜以大幅度的夸张姿态来表现，使人物在既柔又刚的精神状态中，更加生动地与玉柱峰形成一种互动关系，交流、倾听，我试图通过有限的空间，强调人与自然的巧妙结合。

在两天的创作过程中，两名模特面对一溪一水，一花一草，一峰一瀑，都能以良好的状态快速进入情景，因不同的场景，摆不同的姿势，做不同的造型。似走非走的动态，扭转头部的风采，极具智慧的眼神和内在深沉的气度，产生了独具个性的艺术感染力。

因这次拍摄是以人体与五老峰风光作为着力点创作，为了拍摄时没有人观看，我们充分利用五老峰早8点以前和晚6点以后非营业时间段拍摄，拍摄现场只有拍摄者和模特。毕竟是人体摄影创作，不能预测游人的反应。还好，在第二天创作时，早晨稍延长了点时间，有两个游人走了过来，显然这样的场面对她们来说太不寻常了，模特一丝不挂，全神贯注投入在拍摄中。两人远远地看着，并没有喧哗。爱美是人的天性，爱美之心人皆有之，这一刻，充分体现了人们对美的人体和美的自然的艺术欣赏。

人是大自然的一部分，我希望自己拍摄的人与五老峰自然景观和人文景观相结合的画面，能将人被解放出来的姿态、最纯粹的状态展示出来，以充分体现人与自然对比性的审美张力。

在这次创作中，我深深体会到，只有融入自然，进入无限美境，认识人与自然的和谐共荣，才能领悟五老峰上人与自然所蕴含的相交相融的意境。

2008年4月23日晚于雕龙阁

WUDAOWULAOFENG

JIANWENZHUIZONG
见闻追踪

遨游光影世界摄尽奇峰秀色

人与自然和谐美

五老峰上看"关公习武"

著名导演王小列五老峰上拍摄《英雄志》

青山绿水中的杨贵妃

40集电视连续剧《黄河英雄》在五老峰上拍摄

墨彩淋漓新意境

爱在五老峰孝在五老峰

"五老峰人与自然"摄影作品亮相平遥国际摄影大展

山西百名摄影家聚焦五老峰

"五老峰风光"摄影作品亮相全国老年摄影节

五老峰意象

名山神韵镜中收

遨游光影世界　摄尽奇峰秀色

——永济五老峰风光摄影展览观后

1988年3月，位于山西永济县境内的五老峰被列为山西省风景名胜区。从此，旅游开发队伍不断向山间进发，各地报刊相继刊登消息、图片、游记、民间传说故事，昔日闭塞而神秘的五老峰便蜚声省内外，成了人们旅游观光的胜地。最近在运城市博物馆展出的"五老峰风光"摄影展览，就真实地反映了五老峰的自然景观及人文景观的雄姿秀色。

步入展厅，巅岭峭壁、奇峰林立、云海蒸腾、花香四溢、林木葱茏、幽洞怪石、清泉飞瀑，各尽其妙，使人目不暇接，美不胜收。从这里可以看到以玉柱峰为中心的五座奇峰、"猿人观魏"的奇石妙景、"依山大佛"的栩栩如生、"点将台"的旌旗战鼓以及五老峰四时朝暮的自然变化和瑰丽景色。人们虽未实地踏访，却饱览了中条山名胜五老峰的风采神韵。

作品《五老峰雄姿》是一幅成功之作。作者运用侧逆光效果，加深丛林和群山的空间感，拍摄时将幽谷升起的一片湿漉漉、雾蒙蒙的水蒸气摄入镜头，造成强烈的空间透视气氛，使整个画面既有虚实、浓淡的丰富层次，又突出了朦胧中群山气势之磅礴。这样，巍峨高耸雾中的景观更具粗犷和生机。同样，《雾罩笔架山》画面简洁、别致，引起观众瞩目。作品显然是在蒙蒙细雨的气候条件下拍摄的。作者根据构图需要，首先拍摄了三张照片，而后将其接成长卷画幅，画面中烟波浩渺，迷离恍惚，峰峦若隐若现，色调凝重深沉，仿佛是淡墨勾勒出来的一幅韵味十足的中国画。据作者介绍，拍摄这幅作品时，山峦的奇幻景象每一秒钟都在发生着色彩的变化，给人一种超乎寻常的神秘、宁静之感。事实说明，利用阴雨天拍摄，只要恰到好处地掌握时机，运用技法，便可以创造出"云来山更佳，云去山如画"的意境。

1990年，杜东明向运城地委书记王学良介绍五老峰展览作品

　　《雾锁苍龙岭》也是阴雨天创造的成功之作。作者选择最佳拍摄角度和最生动的拍摄瞬间，表现了雨中苍龙岭变幻无穷、奔腾翻滚的云涛。作品的前景中有一对青年男女手拉手在云涛雾海中行进，远处露出几抹淡淡的峰巅，山势显得错落参差，时隐时现。群山云海间，似乎隐约传来这对情侣轻轻的脚步声，更显示出大自然的宁静而富有灵气。此种效果是晴日亮光下所无法拍到的。此外，《石人沟》《悬空石笋》《松涛》等作品，运用长、短、广角镜和魔幻镜的特殊夸张拍摄手法，通过奇妙的构思取景，都给观众以不同的艺术感染力。

举办这样的专题风光摄影展览在我区还是首次，它无疑会扩大群众的艺术欣赏领域，唤起人们对河东大自然的热爱。

原载1990年3月18日《运城日报》

1991年《东方龙》杂志第1期

2013.09.19-09.25

第13届中国平遥国际摄影大展
THE 13TH CHINA PINGYAO INTERNATIONAL PHOTOGRAPHY FESTIVAL

人与自然和谐美

2013年9月16日，平遥国际摄影大展如期举行，我以人体模特融入五老峰景区创作的"人与自然"摄影作品亮相平遥国际摄影大展。短短7天时间，从选片、制作、布展到和国内外摄影家交流、学习、对话，在不同国家间文化与认识的碰撞与交融中，不同的审美感受对我的艺术感悟和美学理念产生了很大的影响。

如果有人问我，你觉得五老峰"人与自然"摄影作品这次在平遥展出效果怎样？说实话，就人体与自然风光相融的创作手法来说，还是很吸引人眼球的，到底怎样，我也说不清楚，自己的作品不管我如何对它偏爱，我也绝不能说影响很大。

　　展览是一个平台，有了展览就可以和观众切磋交流，倾听观众的意见。因为这次展出的作品强调的是人体与环境的结合，不知观众能否接受，喜爱的程度如何。为了切实了解观众对作品的真实反应，我坚持在展地蹲守了三天，虽然不能和每一位观者交流，了解他们的看法，但是从他们的行动上、表情上，从他们的笑容上，从他们的眼神里，我知道他们对作品是赞赏的。

　　这次我的作品展地被大展组委会安排在城隍庙中轴线观众必经的地方。我简直不敢相信这是事实，每有导游领着游客路过时，游客都会不约而同地走到作品前观看，导游只好停止了景点内容的介绍，催促大家抓紧时间观看影展。

看着眼前的情景，我也不知道是五老峰风光的吸引力还是人体的"魔力"起到了作用。有几个大学生模样的女孩走到作品前，她们一边观看，一边翻拍，一边发微信。让人觉得非常可爱的是，她们在作品前模仿画面中模特的动作摆姿势拍照留念。随后她们就画面的构成、色调的效果、气氛的渲染和我交换意见，其中一个女孩说，山美、人美，让人看了很愉悦。

观者一批接一批，在嘈杂中，忽然听到有人喊："那是作者，作者！"我回头一看，是一批青年，交流，提问题，我一一回答。我问他们这些作品是否符合"口味"，一个青年说："你的作品既摄取了山川之美，又摄取了人体之美，虽然我没有实地踏访这座名山，但通过观看人与自然美的神韵，使我在精神上获得了很大的享受。"

布展时为了不在墙上钉钉子，我把展品都靠在墙上窗上，这样虽然位置低些，但是很远也能看到。一对情侣手拉手走进了大院，女孩看到展品后立即用双手捂住男孩的眼睛，让男孩往前走，其实男孩已经看到了作品，他幽默地说，放开放开！说着推开女孩的手，自己用手捂住一只眼睛说，我只看景不看人。女孩告诉我，她只是和男朋友开个玩笑。女孩说："人体摄影是一门迷人的艺术，虽然人们对它的看法不同，当然也有不同的态度，可能有些人还难以接受，但我觉得人体摄影是一项神圣的工作，当我站在你这组作品前时，内心里充满了伟岸、圣洁的感觉，人与自然的和谐令人向往。"

我不喜欢把自己拍摄的照片长久地放在硬盘里，喜欢通过举办展览或放在博客、微信里，让大家评头品足，这样就会得到适时的意见反馈，然后广泛吸收，为我所用，以避免缺少沟通，孤芳自赏，视界太窄，创作灵感受到局限。这次五老峰"人与自然"摄影作品参加平遥国际摄影大展，不但开阔了我的视野，使我吸收了各方面的营养，更重要的是在展示过程中，通过视觉、听觉与联想，打开了我审美心理的多层次结构，使我从人体随山依水这个空间中，进一步感悟到人与自然是有着持久魅力的，也永远是最受人们喜爱和推崇的一种自然美。

2013年9月23日晚于雕龙阁

五老峰是洛河文化早期传播圣地，也是我国北方道教全真派的发祥地之一，山上建筑精巧，寺和山相互辉映，浑然一体。《武圣关公出解梁》剧组在运城选外景地时，初次踏访五老峰就被雄、奇、险、秀、幽之山景所征服，确定此处为外景地。

《武圣关公出解梁》由中央电视台、山西电视台和解州关帝庙文管所联合拍摄，著名导演张绍林执导。2002年6月5日，该剧在五老峰上拍摄，主要拍的是关公为民除害杀吕熊后被逼远离故乡这段鲜为人知的故事。画面以五老峰景观为依托，将关公拜师习武的形象融于其中，关公的行为举止、个性特征在一个个不同的环境中得到了展现。特有的精神意识，强悍气度的刻画，使关公精神在独特的山水中显得更具有山川胸襟。

一个个镜头，不但透露着关公的大胸怀和大气势，而且也见证了五老峰独特的山水风格。

2002年6月6日 于雕龙阁

五老峰上看『关公习武』

著名导演王小列
五老峰上拍摄《英雄志》

我喜欢上网，发现小说《英雄志》点击率非常高，尤其是注意到40集新派武侠电视连续剧《英雄志》即将开拍，主创和演员阵容强大，并且这部剧的导演是王小列，所以印象深刻。

　　无独有偶，永济五老峰旅游开发有限公司总经理焦裕平来电话告诉我，《英雄志》剧组计划在五老峰选择拍摄场景，因我多次攀登五老峰并出有画册，对山上地形地貌熟悉，邀我为剧组选景点带路。能见到仰慕已久的导演，我便爽快地答应了。

　　《英雄志》是著名导演王小列继执导《遥望查理拉》《康定情歌》后的又一巨作。5月25日下午2时许，我在运城市广悦大酒店拜会了导演王小列，并同行去五老峰。聊天中，王小列表示，《英雄志》这部电视剧与一般的武侠片不同，面对宏大的历史题材，通过对人物性格的刻画、武打场面的设计，把亡命天涯的捕快、落魄潦倒的书生、豪迈不羁的侠士的命运走向、人生悲歌，以及他们金戈铁马、荡气回肠的神韵真正表达出来。

　　王小列还表示，在这部电视剧中会较少用特技和电脑制作，他认为特技和电脑制作是一种技术，如果过分突出了特技，就会喧宾夺主地成为一场特技展示会。如果一味追求特技和电脑制作，画面虽然越来越眩目，人物形象却会越来越单薄。

　　下午5时，剧组人员乘缆车到达五老殿。稍事休息，我便陪同导演去选择拍摄场地。首先攀登玉柱峰，沿途林壑幽深，重峦叠嶂的景色令他赞不绝口。夜幕降临时，我们转道红沙峪，他对其周围幽深冷寂的景色氛围很是满意，认为

这个地方未经粉饰，是一处难得的影视拍摄场地。作为一名导演，为了整部电视剧的质量，不辞劳苦，亲自选择场地，敬业精神实在令人佩服。

晚上，我应邀参加了剧组召开的小组会议，王小列认真听取了大家的意见，然后布置第二天的工作，并要求摄影师早5时起床拍摄五老峰日出景观。熬夜，早起，一个个演职人员都充满了激情。

翌日早8时，日出拍完后，剧组进入紧张拍摄状态，我发现每个演员都在调动着艺术手段，用形体的动作和会说话的眼睛在表演、在体验，把一个个不同的英雄形象展现在镜头前。特别是王小列更是一丝不苟，他根据剧本的主题、结构，认真引导演员很快进入角色，哪个演员表演稍有不到位，都要指出原因。只要他开口，就观点鲜明，掷地有声，绝无虚言又恰到好处，那份认真，谁见谁佩服。

两天的拍摄，烈日当空，令人感动的是不论在五老殿、红沙峪，还是在悬崖边，大家面对曝晒，没有一人有怨言，每个演员都按照导演的要求，凭着对角色的独特理解和扎实的艺术功底，演活一个个人物。

在和王小列接触中，我感到他赋予了《英雄志》深刻奥妙的哲学思想。人世、人生、人性，通过跌宕起伏的故事情节，丝丝入扣地被贯穿到整个场景和动作之中，有特点，有力度，可谓出奇制胜。可以说，这部《英雄志》就是宣言书，必将在众多的武侠剧大战中独树一帜！

原载2006年7月6日《运城日报》

110

青山绿水中的杨贵妃

导演尤小刚 刘杰 摄

2009年9月29日，由尤小刚执导的史诗巨制《杨贵妃秘史》在永济五老峰拍摄。

拍摄前的6月15日，尤小刚导演带领剧组先后深入运城五老峰、关帝庙、普救寺、永乐宫等十几个著名景点选取外景地。在为期两天的考察中，尤导表示，《杨贵妃秘史》一剧将唐朝的历史、音乐和舞蹈等元素呈现出来，而运城的自然景观和人文景观正好可以为该剧的拍摄提供很好的外景。

在道教名山五老峰，尤小刚导演被巍峨的寺庙大殿、雄奇秀险的山水深深吸引。在粮神殿前，他深有感触地说，这个地方的建筑形体和结构方式，内外的空间组合，以及色彩、装饰风格，能体现出本剧皇权至高无上、威严无比的象征意义，把这里作为拍摄《杨贵妃秘史》里的大型演出场地，会为观众呈现出奢华、炫目、唯美的盛唐乐舞豪华场面。

《杨贵妃秘史》由张建伟耗时三年编著，著名演员殷桃、黄秋生等十几位实力明星加盟演出。在拍摄中，尤小刚导演充分展

现了他的"导演经"，他说："在剧组里有很多的事情，要靠导演来指挥和协调。导演可以调动剧组所有工作人员的情绪，也可以通过这种情绪来影响演员，演员被调动起来了，戏就恰到好处。"尤小刚导演对殷桃和黄秋生等演员的扮演非常满意，他表示，目前剧组里不但殷桃扮演杨贵妃很适合，而且剧组的工作人员都认为殷桃就是杨贵妃，杨贵妃就是殷桃。不但主演黄秋生、殷桃表演得得心应手，而且扮演阿蛮的石小群以及演员叶璇等飙戏都十分精彩。

作为剧中主要外景地五老峰，给尤小刚导演留下了深刻的印象，他说："回顾我在五老峰走过的景点，拍摄过的场景，这里的寺庙、群峰、草木仿佛都凝聚了历史的瞬间。届时该剧上映时，观众除了感受剧中群星的精湛演技之外，更可欣赏到五老峰悠久的历史文化和秀美风光。"

五老峰旅游有限公司总经理焦裕平坦言："我相信，《杨贵妃秘史》上映后，许多影视导演也会把目光瞄准五老峰。"

2009年10月1日 于雕龙阁

40集电视连续剧《黄河英雄》
在五老峰拍摄

2015年10月27日，曾获得飞天奖、金鹰奖、解放军星光奖、"五个一工程"奖的著名导演于立清在永济五老峰执导拍摄40集电视连续剧《黄河英雄》，他饱满的创作激情、全新的艺术表现手法给我留下了深刻的印象。

《黄河英雄》是由深圳电视台、山西电视台和于立清影视工作室联合拍摄。该剧以丰富的人物形象、跌宕起伏的剧情，展现了抗日战争时期永济黄河

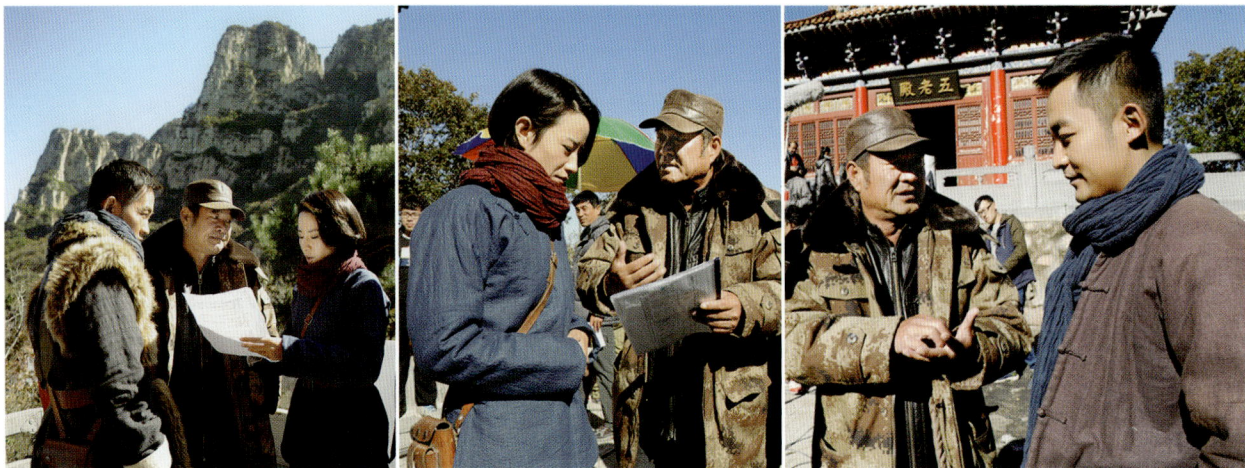

岸边一支抗日武装力量在除汉奸、顽强抗击日军的斗争中成长、发展、壮大的故事。青年演员张粟、徐囡楠是该剧主要人物的扮演者。开机！在导演的示意下，两位演员很快进入角色，从走位、对白到眼神的互动，显得十分默契。全情的投入，忘我的表演，塑造出的人物呼之欲出。

在国内的电影银幕和电视屏幕上，几乎每年都不乏全新创作的抗日战争题材的影视作品，数量庞大，我看过很多部，但现场观看与在银屏上观看大不相同。剧中，五老峰绮丽的自然风景、宏伟壮观的庙宇作为故事背景出现，让人感动的故事情节，引人思考的典型形象，巧妙的场景设计和精湛的演技，深刻反映了抗击日军的英雄人物在特定情景中的时代特征、身份特征和思想特征。

长期以来，抗战这一重大革命历史题材，具有极其重要的政治和文化战略意义，形成了一种国家特色以及历史惯性的美学风貌和文化内涵。据了解，导演于立清在执导过程中，花了很多时间和精力阅读抗战时期的历史资料，揣摩抗日战士的群体心态和精神风貌，最大限度地接近他们对民族、对革命、对爱情的真实态度。在拍摄过程中，于立清导演为了使演员塑造出来的人物形象逼真，他以深邃的哲理给演员说戏，以掏心窝的方式谈自己对人物的理解，要求演员不能把叙述事件的过程作为重点，而应深入到人物的内心世界，去探究事件发生过程中他们的心律和脉动，应该突破事件过程中人物关系、矛盾冲突、性格因素，使人物的个人价值和历史作用在事件发展过程中得到充分体现。

一个场景一个场景地拍摄，大家一丝不苟，情节的再现、主题的表达、角度的表现都令人耳目一新。我相信，这部40集电视剧上映后，观众一定会为剧中的黄河英雄点赞，更会为剧中的空间环境——五老峰点赞。

2015年10月27日晚于雕龙阁

墨彩淋漓新意境

中央美院高研班师生在五老峰写生

2015年10月19日，秋阳艳丽，我和影友相约去永济五老峰创作。三天时间，玉柱峰上、灵峰观前、红沙峪旁、黑龙潭边，我见到多名画家在写生。因为摄影、美术同源，这次邂逅，我非常兴奋，学习、交流、感受，以艺会友，有太多的感动和收获。

记得刚上山我们在去红沙峪的路上拍红叶时，迎面走来一位披着长发的先生，他身背画板，热情地为我们介绍红沙峪，说那里风光很美，建议我们去拍。红沙峪我曾去过多次，红沙铺地，峰重峦叠，的确是画家写生的好地方。曲径悠长，层林尽染，边走边拍，走过东锦屏峰，但见十几位画家有的在画山峰，有的在画红沙峪中迎风摇曳的大杨树。我站在画家刘沐君后边观看，只见他笔锋"沙沙"游动着，很快一幅群峰叠嶂的写生基本成型。我看看山峰，再

看看写生，虚实、藏露、曲直的对比，似与不似，作者在对山的释读中加入了自己的想象，观念、情怀在画中得到了体现。

花草味道随风而来，大杨树下，有几名画家席地而坐，专注作画。面对同一棵树，有的画家一气呵成，有的画家精心描绘，一幅幅水墨写生，一幅幅不同的画面，在画家的笔触间流淌而出，我细细观察，慢慢品味，精彩的瞬间被我一一记录在镜头里。

五老峰壁立千仞，嶙峋的山体给写生创作带来了丰富的素材。在灵峰观前，画家陈晓红面对玉柱峰写生，吸引了许多游人驻足围观。她神情专注，以其敏感、多情的女性视角观察山峰，画面的结构在墨的色质、韵味、层次润色中，显得气势宏大、节奏强烈，山石在她的笔下似乎也有了生命，凝固中有了动态，冰冷中透出了灵气。一位游人看出了门道连连说，老师画的是"观音赐福"。视其所视，而遗弃所不视，画家正是通过深入的感知和准确把握对象的本质特征，才得以存其精而去其粗。

灵峰观是五老峰上一组主要建筑群，在整座大山中最引人注目。在灵峰观对面的山头，我看到一名画家正在写生，走近静观，灵峰观的形体、质感、比例、尺度、空间组合的可视性形象被画家直接诉诸笔端，巍峨的寺庙和坦荡的山峰融合在一起的意境，使人仿佛进入到一个全新的精神世界。画家高翠茹说："我们画建筑群，追求的是景外之景，写意多于写实，要表现的是一种形有尽而意无穷的意境。"

可以说这次画家们在五老峰的写生是在跋山涉水中完成的。为了画瀑布，画家们沿着绝壁栈道下到黑龙潭写生；为了不影响创作时间，带着干粮从早一直写生到太阳落山前。

画家彭锦辉在他的QQ空间中写道：同学们有的中午都不回宾馆吃饭，早上带干粮上山，特别珍惜在这里的一分一秒，每天坚持10小时左右的写生时间。白天写生，晚上老师讲评作业，紧张的学习让我们感到非常充实。中央美院李铁生教授带领高研班学生五老峰写生，严要求，亲示范，在山上随时辅导，他"通古今之变、成一家之墨"的研究画论的独有心得，对打开我们的思维方式起到了促进作用，使我受益匪浅。

据画家董敏文介绍，这次写生历时15天，共45人，大家对五老峰的自然景观和人文景观给予了高度评价。在和画家杨澜聊天中她说，五老峰不仅以幽静的自然景观见长，还有众多的人文景观，庙宇雄伟，山峰连绵，绿树成荫，溪

水潺潺，别具情趣，这次写生半个月时间远远不够，还会再来的。

　　这次五老峰之行，我近距离地和多名画家进行了交流，画家们多角度、多视野的独特审美和思考，使我获得了一种不可多得的美感享受，同时对进一步完善自己、提升自己、开拓自己的创造力和想象力产生了很大影响。

2015年10月21日晚于雕龙阁

孝在五老峰
爱在五老峰

　　2015年10月21日，五老峰云峰阁前，"九九重阳，久久祝福，祝愿天下老人健康幸福"的标语和"金秋重阳，尊老敬老"的彩旗分外引人注目，百余名60岁以上的老人聚集在这里，参加景区为当天登山的老人举行的文化活动。

　　为了弘扬敬老、爱老、尊老的中华传统美德，丰富老年人的精神文化生活，景区决定在重阳节前至年底对全社会60岁以上的老人免门票、免索道票，对重阳节当天登山的前100名老人免费提供养生"百叟宴"。这一活动得到了全社会很多老年人的积极响应，一大早，一些老年人早早来到景区，乘索道上山，老人们一边欣赏美景，一边低聊高谈，一阵阵欢声笑语回荡在山谷之间。

　　上午10时，活动开始，景区副总经理樊勇代表五老峰向广大老年朋友致以节日的祝福，并欢迎他们来参加"百叟宴"活动。随后丰富多彩的节目和抽奖将活动推向了高潮，一首首歌曲，一阵阵掌声，一回回抽奖，一次次欢笑，老人们兴致高涨，其乐融融，踊跃参加知识问答、唱歌和抽奖活动。

被评为"最快乐老人"的王正民登台献唱时，掌声阵阵，不绝于耳。老人们纷纷说，五老峰为老年人免门票、索道票，还举办丰富多彩的节目和抽奖活动来丰富他们的生活，贴心，暖心。

活动中，我随机采访了几位老人，被评为"最美丽老人"的忽连叶说："重阳节，五老峰不但免门票和索道票，还让我们老人品尝'百叟宴'，这个重阳节过得非常有意义，尤其是我还荣获'最美丽老人'称号，心情十分激动。"临猗县财政局干部廉志敏夫妇在儿媳的陪同下前来参加登山活动，他说："这个活动办得很好，我不仅登山锻炼了身体，还看了精彩的文艺演出，

更让我高兴的是在抽奖环节中我还中了奖，得到了知名画家现场赠送的精美作品，收获了一份精神食粮。"

整个活动中，除了丰富多彩的节目，抽奖活动始终穿插其间，每当有老人抽到奖，除了现场的掌声外，周围的游人也被这种快乐的气氛所感染，报以热烈的掌声。

云峰阁前，我遇到了一对年轻夫妻陪着老人来登山。聊天中，得知他们是请假陪着父母过重阳节的，谈到如何孝敬老人，他俩说："平时就经常送老人礼物或利用节假日和他们一起出游，这次五老峰重阳节有活动，就陪老人一起来，让老人在亲近自然、放松心情的过程中，使身体得到锻炼。"

"百叟宴"开始后，景区副总经理樊勇、李继平走到正在就餐的盐湖区东郭村82岁老人牛玉胜面前，为其碗中夹长寿面。

老人激动地连说"谢谢"。老人告诉我，景区是带着真情实感为老人们送温暖、做好事、办实事、献爱心，这样丰富多彩、健康有益的活动，充分体现了景区尊老、敬老、爱老的风尚。

这次活动景区非常重视，景区总经理焦裕平说："在重阳节活动期间，我们大力营造整个景区的环境气氛，提高服务质量，完善和加强安保措施，景区每个区域都有工作人员为老人服务，确保活动真正成为老年朋友及广大游客身心放松的快乐之旅。"

焦裕平总经理还表示，我国自古就有孝敬老人的传统，而在当今这样一个和谐时代，全社会都在极力倡导树立尊老、爱老、敬老的社会风尚，作为国家级风景名胜区在重阳节举办这次活动，不但让老年人感受到景区的温暖和关怀，更让他们快乐地度过了一个温馨的重阳节。

活动结束后，老人们纷纷拿起笔在祈福红布上签上了自己的名字。

参加这次五老峰重阳节活动，我切身感受到了孝亲文化的重大力量。

2015年10月22日晚于雕龙阁

CHINA PINGYAO INTERNATIONAL PHOTOGRAPHY FESTIVAL
时间:9月19日-25日

"五老峰人与自然"摄影作品展
亮相平遥国际摄影大展

　　2008年9月19日，我以永济五老峰为创作对象的"'五老峰人与自然'杜东明摄影作品展"亮相平遥国际摄影大展。

　　1986年以来，我多次攀登五老峰创作，在不同的时间段对五老峰的层次、纹理、质感、色调等视觉形象进行观察，在感受、思考中，以不同的拍摄距离、不同的拍摄角度构成不同视点，使五老峰形成了完全不一样的视觉效果。这次展出的60幅作品，从不同角度、不同侧面真实地反映了五老峰自然景观及人文景观的雄姿秀色。巅岭峭壁，奇峰林立，云海蒸腾，林木葱茏，清泉飞瀑，群山竞秀，在这么一处雄伟壮丽的景观中，人体模特融入其中，生命的绿意与精神的绿意融会展现，山美、水美、人美达到有机的统一，形成了"天人合一"。一位外国游客在作品前举起大拇指连连称赞，他说，你的作品有气势，有意境，既有大自然的生机，又富有抒情的寓意。平遥国际摄影大展组委会艺术总监张国田在作品前接受媒体采访时说，作者神游山水之间，注重意境的营造，写意精神贯穿在整体创作的构思当中。

这次参展的单幅作品尺寸为1.2米×2.4米，以这样的巨幅摄影作品参加平遥国际摄影大展在运城市还是首次，它无疑会让中外宾客通过展览更好地领略到中条山名胜五老峰的风采神韵，唤起人们对五老峰的热爱。

2008年9月23日晚于平遥日昇昌

本版摄影：李毅　杜东明

山西百名摄影家聚焦五老峰

2011年6月22日，由山西省摄影家协会、永济五老峰旅游有限公司联合主办的"山西百名摄影家聚焦五老峰启动仪式暨山西摄影家协会五老峰创作基地挂牌仪式"在永济五老峰景区举行。中国摄影家协会副主席、山西省摄影家协会主席王悦，山西省摄影家协会副主席、秘书长武勇，永济五老峰旅游有限公司总经理焦裕平、副总经理李继平，以及山西省摄影家协会主席团成员和来自山西省各专业摄影学会、全省11市摄影家协会的摄影家以及新闻媒体记者130余人参加了启动仪式。

近年来，永济五老峰旅游有限公司十分重视宣传推介工作，五老峰的历史风韵和自然风光通过摄影家们的镜头在全国传播。永济五老峰旅游有限公司总经理焦裕平在致辞中说，希望摄影家们在采风活动中亲身感受五老峰厚重的历史文化、美丽的自然风光和改革开放以来发生的巨大变化，以摄影家独特的视角反映五老峰的风采神韵。

采风活动中，摄影家们身背"长枪短炮"，远望近观，穿行于山林中。面对峻岭峭壁、葱茏林木、清泉飞瀑以及"猿人观魏"的惟妙惟肖、"依山大佛"的栩栩如生、"点将台"的旌旗战鼓、千姿百态的奇峰怪石，摄影家们一次次举起相机。特写、中景、大场面，通过不同角度、不同距离的选择提炼，在不同焦距镜头的截取中，五老峰具有原始美的自然景色与充溢着和谐美的人文景观完美地融合在一起，形成了一幅幅富有韵味的画面。

在这次聚焦活动中，摄影家们借镜传情，用各自的相机抒发着自己的感情，表达了美好的心境。摄影家们说，五老峰既给人一种气势磅礴之势，又给人一种超乎寻常的神秘宁静之感。可以说，五老峰就像一首朦胧的诗，一山一水一景一物都让人留恋。

据悉，"山西省摄影家协会五老峰创作基地"挂牌后，凡持有山西省摄影家协会会员证的摄影家，可免费进入景区进行创作采风，这对宣传推介景区、提高五老峰知名度、促进景区又好又快发展将起到重要作用。

2011年6月22日晚于云峰阁

本版摄影：梁淑云　李毅

"五老峰风光" 摄影作品
亮相全国老年摄影节

  2011年9月6日，由山西省政协摄影学会、中国"寿文化"研究基地、《人民摄影报》举办的"寿阳杯"全国老年摄影（节）大赛在寿阳鹿泉山寿文化广场举行开幕式。这是一次交流学习和宣传本土文化的很好机会，我从自己多年拍摄的永济五老峰照片中精选出50幅提交大展组委会申请展出。

这次大展得到了海内外众多摄影家的青睐，共收到来自全国31个省（市、自治区）、港澳台及新加坡参赛者选送的作品1.5万幅。经大展组委会批准，我的"杜东明五老峰风光摄影作品展"亮相全国老年摄影节，并在最后的评选中获得铜奖。

　　纵观这次大展的作品，主题鲜明，形式多样，既有浓郁的地方特色，又有时尚的现代气息，人文山水，百姓故事，充分展示了地域性、时代性、多元性的特点。我抓住机会观看影展，在欣赏中接受新的信息，感受作品中的思想，从中汲取营养，不断进行生活和艺术的积累。

　　《人民摄影报》名誉总编、山西省老年摄影协会顾问、原山西省文联党组书记任谷威看了我的个展后给予了高度评价，称赞作品在整个展览中很显眼，很引人注目，画面的构思、光影、色块、线条的运用，赋予了山水灵动与活力，令观众耳目一新，如临其境。

　　参加这次大展，我不只是一个观望者，还是一名宣传员，我希望借助大展这个平台让全国各地更多的人了解五老峰、认识五老峰，来五老峰观光旅游。

2011年9月6日晚于鹿泉山

五老峰意象

尊敬的各位领导、各位来宾、摄影界的朋友们、同学们：

今天，山西省文联党组原书记任谷威、山西省消防总队总医院院长张妹妮的"五老峰人与自然人体摄影作品巡回展"在河东博物馆开展，在此我代表运城市文联对两位领导来我市举办摄影艺术展深表欢迎，对摄影展的开幕表示热烈的祝贺！

任谷威、张妹妮两位领导公务之余，爱好摄影，造诣深厚，是我省颇具影响的摄影家。近年来，两位摄影家多次来我市创作，用镜头捕捉了一个个美好的瞬间，留给了我们一个个美好的画面。本次展出的40幅人体摄影艺术作品，是两人在我市的国家级风景名胜区、国家级森林公园五老峰创作的，这些作品将人体模特融入五老峰自然风光，以高超的摄影手法充分表现了人与自然、人与环境的和谐之美。起伏的山峦上，茂密的森林中，潺潺的溪流旁，暮雨晨雾中，洋溢着青春活力的人体美与大自然的美融合在一起，洒脱，自然，传神，人体的自然美被升华到了艺术美的境界。

人体艺术是人类对自身美的肯定和赞颂，是生命的礼赞。人体摄影更能检验创作者的艺术追求和审美创造能力。这次展出的作品，无论是在光与影的艺术把握上，还是主题的提炼上，都别具匠心，独具特色，漫步浏览间，能让我们深深地感悟到他们对美的追求和对大自然的热爱。以人体与一座山为创作对象举办专题人体摄影展，这在我市还是第一次，我坚信，这样的展览，一定会给观众以美的享受；这样的展览，一定会为繁荣我市的旅游事业起到很好的作用；这样的展览，一定会推动我市摄影艺术的繁荣和发展。

祝展览圆满成功！

谢谢大家！

2009年4月28日在任谷威、张妹妮"五老峰人体摄影艺术巡回展"上的讲话

名山神韵镜中收

尊敬的各位领导、各位来宾、摄影界的朋友们：

五老峰的4月，是最美的。在这座道教名山，最为吸引人的是大自然恩赐的天然颜色，为五老峰多姿的山水增添了无限的生机。

今天，山西省摄影家协会组织60多名摄影家聚焦五老峰，在这香气沁人、最具魅力、充满生机、多姿多彩的季节里采风。乘索道上山时，奇峰秀峦间不同类型的山花，似一首首无声的诗，像一幅幅立体的画，引起了大家的极大兴趣。感叹之时，融会于心，大家信手按响快门的一个个瞬间，已经拉开了"山西摄影家聚焦五老峰"活动的序幕。

五老峰是国家级风景名胜区、国家级森林公园、国家4A级旅游景区。这里山青，水秀，石奇，自然风光与人文景观交相辉映，相得益彰。为了更好地宣传五老峰的魅力风光，提高五老峰的知名度，让更多的人了解五老峰，2011年6月22日至24日，由山西省摄影家协会、永济五老峰旅游有限公司联合主办的"山西百名摄影家聚焦五老峰启动仪式暨山西省摄影家协会五老峰创作基地挂牌仪式"在永济五老峰景区举行，来自山西省各专业摄影学会和全省11个市摄影家协会的百名摄影家聚焦五老峰。摄影家们怀着对艺术的真诚，长途跋涉，攀登五老峰创作。大家身背"长枪短炮"，穿行在密林幽谷之中，徜徉于青山绿水之间，从不同角度、不同侧面观察提炼，借景抒情……悬崖峭壁上的玉皇殿、巧夺天工的雷公洞、巍峨凌空的老母殿、天都浮云的长天桥、飞珠散玉的黑龙潭、香火鼎盛的灵峰观、沐雨披霞的玉柱峰，以及千姿百态的奇峰怪石、南天门、明眼洞、观音赐福、依山大佛……在一阵阵的"咔嚓、咔嚓"声中被瞬间定格。摄影家们通过形象语言，将具有原始美的自然景色，与充溢着自然美的人文景观，完美地结合在一起，五老峰的自然风光和历史风韵通过摄影家们的镜头传播了出去。

这次，山西省摄影家协会再次组织摄影家聚焦五老峰，全省各地的专业摄影工作者和业余摄影爱好者将相继来景区创作，我诚挚地期待摄影家们站在一个更高的角度，用自己的感受、才智、情感和审美的经验从多角度去观察，将视野中有色彩的、有生命的、有情愫的、富有审美姿质的崖壁、瀑布、石径、山花、小草等构想于自己的艺术世界，让更多的人从你们的佳作中欣赏到五老峰情与景的和谐境界！我也期望通过这次活动，让更多的人了解五老峰，关注五老峰。

尊敬的各位领导、各位来宾、摄影界的朋友们，五老峰旅游资源丰富，交通十分便利，现代通信设施和服务设施配套齐全，这些都为摄影家来景区创作创造了极好的条件。2011年6月22日，山西省摄影家协会五老峰创作基地挂牌后，凡持有山西省摄影家协会会员证的摄影家，可免费进入景区进行创作采风。作为山西省摄影家协会，将继续组织和引导全省的摄影家用形象语言探索五老峰的自然环境和人文环境的内在意蕴，用创新思维打造五老峰丰富内涵的典型瞬间，让五老峰的山山水水，通过摄影家的镜头，在人们心中留下美好的记忆。

最后，希望"山西摄影家聚焦五老峰"活动能够催生出更多的精品力作！

谢谢大家！

2015年4月28日在山西摄影家聚焦五老峰活动上的讲话

WUDAOWULAOFENG

JINGDIANXIANYING
景点显影

三条登山线路　　　　　　　　粮神殿

玉柱峰　　　　　　　　　　　明眼洞

太乙峰　　　　　　　　　　　天桥

东锦屏峰　　　　　　　　　　红沙峪

西锦屏峰　　　　　　　　　　锦绣谷

棋盘峰　　　　　　　　　　　黑龙潭

神仙弈棋台　　　　　　　　　绝壁栈道

老母殿　　　　　　　　　　　玉柱金顶观景台

新峰　　　　　　　　　　　　莲花台观景台

灵峰观　　　　　　　　　　　快乐轻松的滑道

三清殿　　　　　　　　　　　惊险刺激的高空滑索

五老殿　　　　　　　　　　　五老峰登山节

玉皇殿　　　　　　　　　　　五老峰庙会

南天门　　　　　　　　　　　云峰阁宾馆

三条登山线路

　　客运索道起点二台盘，终点太乙峰北斗坪。索道总投资2000万元，是由五老峰索道有限公司、山西省粮食厅及社会参股的方式与五老峰旅游有限公司合作兴建而成，索道全长1480米，上下落差为555米，是专门为游客提供旅游代步及观光的现代交通工具，其长度和落差被誉为"三晋第一索道"。

西峪登山石级，修建于2001年，由2399个青石台阶砌成，取道家九九归一之意。全长1.2公里，落差400米。沿途有小红崖、大红崖、撑腰石平台、一碗泉、漆木台、新峰等，最终到达景区道教文化中心——灵峰观。

步入锦绣谷，行进在浓荫笼罩下的通幽曲径，天然山水、古树名木、亭台楼阁、仿真动物、绝壁栈道、飞瀑龙潭尽收眼底，置身其中，愉耳悦目怡心神。

游 玉柱峰

　　玉柱峰，为五老峰主峰，海拔1809.3米，以"拨地通天执事，擎天捧日之姿"高耸在天际，状如擎天巨柱。峰上有玉皇庙，一年四季前来朝拜者络绎不绝。玉柱峰还流传着许多动人的传说，如舍身崖、玉皇剑影等，为玉柱峰增添了一层神秘的色彩。

遊 太乙峰

太乙峰，五老峰之北峰，海拔1400米，是景区道教文化之核心，也是昭示五老峰文化内涵之宗地。上复建有灵峰观古建筑群（山门、雷神殿、八仙殿、钟楼、鼓楼、三清殿、五老殿），向北可至北斗坪峰，古遗迹有祖师庙、何仙姑庙、关爷庙、斗母庙、诸葛亮洞等。2003年，著名导演张绍林在此执导拍摄了电视剧《武圣关公出解梁》；2005年，大型历史剧《英雄志》也在此取景拍摄；2010年，《杨贵妃秘史》外景基地选在了五老峰。

东锦屏峰

　　东锦屏峰位于玉柱峰东侧，海拔1600米，举目眺望，山峦重重叠叠，连绵不断，群峰上的观音赐福、猿人观巍、金鸡望月等形态各异、自然形成的造型，为这里奇特的景色平添了几分趣意。

游 西锦屏峰

　　西锦屏峰位于玉柱峰西侧，海拔1600米，自玉柱峰向西，山势奇绝，绵延起伏。雷公洞掩藏在峰峦之中，幽静深邃的石人谷层峦叠嶂，在陡峻叠立的绝壁上有奇峰异石，千姿百态，有的如舜帝拜母，有的似武士列成的战阵，有的像扭着腰肢的仙女，大自然的天才杰作令人震撼。

游 棋盘峰

　　棋盘峰，五老峰之西峰，位于太乙峰西侧，海拔1400米。峰上有云峰阁宾馆、老母殿、神仙弈棋台、吕洞宾传道处。晋朝《搜神论》记载的"王质烂柯"的故事就发生在这里。因有陈仙女下凡一胎生九子的传说，故这里自古以来都是祈福求子香火旺盛的地方。有诗赞曰：峰回路转湾几千，棋盘林翳介香烟。晚钟一声山月满，九土何如此境天。

神仙弈棋台

　　棋盘峰景色如画，神仙云集。传说天宫中素爱下棋的白帝与陈仙女常在棋盘峰对弈，互生爱慕，结为连理，在五老峰留下了美丽动人的爱情故事。后人在青山翠柏中建棋台塑像，以纪念这对"只羡鸳鸯不羡仙"的神仙眷侣。传说每年七月初七，在这里可听到仙人的窃窃私语。

游 老母殿

　　老母殿位于棋盘峰上，内奉无极老母，又称"斗姥"，内有"二十四孝图""百子图"。"老吾老以及人之老，幼吾幼以及人之幼"正是这里的文化精髓所在。

游 新峰

新峰位于灵峰观西侧，峭壁如削，建筑奇巧，峰顶保存有较完整的道观遗迹。游客从景区西峪登台阶而上时，必从峰下经过，无不叹其奇峻。

游 灵峰观

灵峰观，位于太乙峰上，海拔1400米，是五老峰景区道教文化中心。2000年，五老峰开发有限公司根据史料记载，在其原址上予以复建，历时两年。内建有：山门、雷神殿、八仙殿、钟楼、鼓楼、三清殿、五老殿等仿明清古建筑。这里是中国道教全真派的发祥地之一。

三清殿

三清殿，内奉三清神。三清为道教最高尊师，即玉清元始天尊，上清灵宝天尊，太清道德天尊。道家以三清为三境，曰：圣登玉清，真登上清，仙登太清。

第七十八化 明崖壁

游 五老殿

五老殿，内奉五老天神，又称五老天尊。传说远古时期五老在此传经，授《河图》《洛书》给诸帝王，以承伏羲画卦之道执掌天下，故称此山为五老山。

玉皇殿

　　玉皇殿坐落于玉柱金顶南天门内，海拔1809.3米。殿内供奉玉皇大帝。传说，玉皇大帝除统领天、地、人三界神灵之外，还管理宇宙万物的兴隆衰败，去祸增福。该殿在民国时期被焚毁，于2001年在原址重修。

游 南天门

过天桥，沿着石阶上行来到南天门，建筑顶端"南天门"三字遒劲有力，在这里可眺望东锦屏峰、西锦屏峰、月坪梁等景观。

粮神殿

　　粮神殿内供奉的三位粮神，分别是后稷、管仲和殷洪。后稷在尧时期任主管农业的官员，教民稼穑，培育五谷，使民丰衣足食，后人将他尊为华夏农业的始祖；管仲是春秋时齐国宰相，十分重视粮食生产，他提出将粮食"积于不涸之仓，藏于不竭之府""仓廪实而知礼节，衣食足而知荣辱"，开创了粮食仓储管理的先河，是我国第一个提出和实施粮仓建设的人；殷洪，商纣王之子，被姜子牙封为五谷星官，掌管天下五谷丰欠，主司百姓饥寒饱暖，被后人尊为粮神。

遊 明眼洞

　　明眼洞，原奉有观音神像一尊，已失。逢雨或空气湿润时，洞内溢涌二股细泉，水质纯净，清凉甘冽。传说，该泉是观音菩萨降福人间，取之洗眼可明目，是朝峰百姓祈福明目的仙洞。

遊 天桥

天桥位于玉柱峰南山峰之巅，由钢绳将峭壁两端连起而成，跨越长度80米，宽度1.5米。桥端石壁削立，在天桥上放眼望去，峰峦起伏，林木葱郁，庙宇楼阁一览无余。

游 红沙峪

红沙峪，位于太乙峰东侧，东锦屏峰脚下，这里是武侠剧《英雄志》的拍摄外景地。

红沙峪是山峦间一片神奇的沙丘，由红绿岩石风化而成。沙丘中有棵千年大杨树，树下涌出一泓泉水，旁边还有一块巨大的"飞来石"，传说是吕洞宾的化身。红沙峪像一幅画，让人心旷神怡，流连忘返。

游 锦绣谷

锦绣谷，也称黑龙峡，是景区又一登山漫游循环道。四周群山环抱，绿树成荫，溪流潺潺。峡谷中沿途建有风格别致、造型新颖的小桥、凉亭、休息平台、茶吧、木屋、黑龙潭、空中栈道等休闲娱乐设施。其内处处可见水面，时时能听水声，瀑布连瀑布，小桥接小桥。这里山清水秀，鸟语花香，是一处人与自然和谐交融的人间仙境。

黑龙潭

黑龙潭瀑布从粮神殿西侧的绝壁上飞流而下，溅起阵阵水雾，游客在此小憩，喝上一口泉水，享受着任意飘洒的水花落在身上，可消除旅途中的疲劳。瀑布常年倾泻而下，冲击于崖下而成潭，传说潭与东海龙宫相通，游龙自由来去，故名黑龙潭。

遊 绝壁栈道

　　绝壁栈道建于黑龙潭瀑布旁的陡崖峭壁上，由下而上呈S形或Z形迂回曲折，盘旋而上。在栈道上凭栏远眺，山光水色、多姿奇景尽收眼底，有凌空飞翔之感。

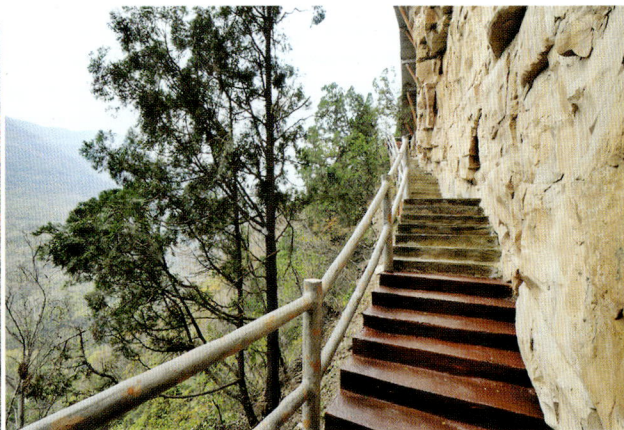

玉柱金顶观景台

　　玉柱金顶观景台，位于玉柱峰南端，在这里可观玉柱峰、东锦屏峰、西锦屏峰、棋盘峰、太乙峰、石人谷、天桥、苍茫林海、高空滑索等，还可观日出日落。在此观景，五老峰主景尽收眼底。

游 莲花台观景台

莲花台观景台，位于灵峰观至玉柱峰中段，三面群山环抱，风景优美，游人在此观景，太乙峰、灵峰观、北斗坪、客运索道等人文景观和自然景观尽收眼底，令人心旷神怡，赏心悦目。

惊险刺激的高空滑索

　　高空滑索连接在玉柱金顶和观景台两头的山岩上，索下山峦叠嶂，深而险峻，游客在乘坐滑索下滑的过程中，能充分体验空中飞翔的刺激和快感。

五老峰登山节

五老峰登山节，是把旅游观光和健身运动相结合，以积极推广普及"全民健身"为主题的登山运动。近年来，随着活动的每年举办，参加的群众人数越来越多，年龄段越来越宽，登山节在全市范围及周边部分省、市群众中产生了很大的影响。五老峰旅游有限公司也被国家体育总局登山管理中心授予"全国群众登山活动先进单位"。

截至2015年，五老峰登山节已连续成功举办了15届。它的成功举办，推进了全民健身运动的开展，使五老峰国家级景区的知名度和美誉度得到了提升；宣传了永济深厚的黄河历史文化和独具特色的黄河风情文化旅游资源；展示了优秀旅游名城日新月异的发展变化；促进了全市旅游文化产业、招商引资、经济建设等方面的大发展。

五老峰庙会

　　五老峰的朝峰庙会，又叫朝峰大会、朝山大会，鼎盛于明万历年间，兴盛达500年之久。

　　据史籍记载，当年，明神宗朱翊钧携郑贵妃前往五老峰朝山进香后，每年农历七月初一到十五，南北官宦、商贾云集五老峰朝峰，人次多达万数，各种迎神庙会活动和民间社火热闹非凡。

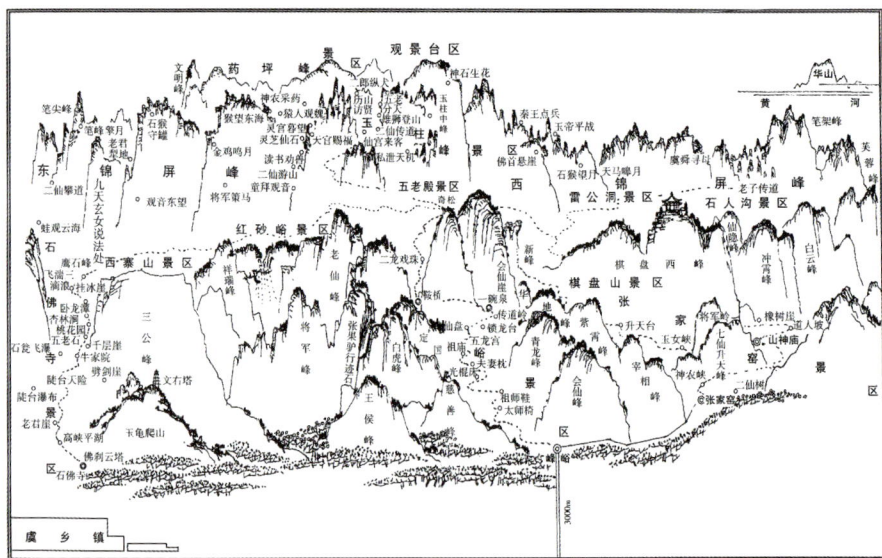

　　现存明万历年木刻《条山玉柱晴峰图》、民国初年印制的《新绘山西虞乡县西南五老峰胜景全图》生动地描绘了当时五老峰的繁荣景象。据碑碣记载，周围省份和福建、浙江、两湖、两广都有客商前来进行商贸交流。周围百里的老百姓更把逛庙会当成"人生一大乐事也"。五老峰庙会是历史上最早的庙会之一，和北京天桥庙会、南京夫子庙庙会、西安城隍庙庙会等为我国商业、旅游业的形成和发展起到了很大的促进作用。因此，五老峰也被誉为"中国现代旅游业的源头"。

云峰阁宾馆

云峰阁宾馆位于五老峰棋盘峰上，2003年投入使用，是集餐饮、住宿、会议、娱乐为一体的三星级宾馆，装修全新豪华，配套设施齐全，环境优雅舒适。宾馆大厅可容纳150人同时用餐，内设有床位60张，分别为豪华套房、高中档客房及四人间，另有容纳200人的多功能会议室。

云峰阁以她迷人的风光、优美的环境和优质的服务恭候您的光临！

五老峰周边旅游交通示意图

李家大院

临猗县

舜帝陵

运城市

大运高速

中国死海

运三高速

大铁牛　普救寺

鹳雀楼

运风高速

关帝庙

平陆县

永济市

五老峰

三门峡黄河大桥

永乐宫

芮城县

风陵渡黄河大桥

西潼高速

西安

华山

连霍高速

图　例

高速公路　　　铁路及车站

乡道

旅游线路　　　省道

县道

舜帝陵

关帝庙

永乐宫

李家大院

鹳雀楼

黄河大铁牛

普救寺